必読ベストセラーを

超要約！

本の要約サービスflier編集部

ビジネス書大全

Complete Guide to Business Books

一生モノの仕事力が身につく
名著100冊を1冊に
まとめてみた

新潮社

はじめに

『必読ベストセラーを超要約！　ビジネス書大全』を手に取ってくださりありがとうございます。世の中では年間1万冊の新しいビジネス書が刊行されています。しかし、私たちが読書にかけられる時間は無限ではありません。「どの本も面白そうだけれど、どれを選べばよいか迷ってしまい、結局読めていないまま」というケースも少なくないでしょう。

そんなとき、自分の関心に合った本や、興味の幅を広げるための本を選ぶ際に参考になるガイドブックがあればどんなによいだろうか。そんな想いで私たちはこの本を書きはじめました。

この本は、「コミュニケーション」「習慣」「仕事・勉強術」「思考術・リーダーシップ」「お金」「社会・ライフ」「健康・メンタル」という7つのカテゴリーに分かれています。

掲載されている本の紹介文はすべて、本の要約サービス「flier（フライヤー）」がもとになっています。flierは、ビジネス書を中心とした本の内容を「1冊10分」に要約し、スキマ時間を活用してアプリやWEBで閲覧できるサービスです。「1冊10分」で本のポイントと魅力をつかみ、さらに「実際に本を手に取って読みたくなる」ことをめざしています。「あらゆる人が気軽に信頼できる知にふれられる『ヒラメキ溢れる世界』をつくりたい」。flierは、そんな創業者の想いからスタートし、各出版社の協力を得て要約で紹介してきた本は約3700冊におよびます（2024年8月時点）。

この本では、それぞれの本を、「要点」「おすすめポイント」「一読のすすめ」という角度から、シンプルかつコンパクトに紹介します。各紹介ページの末尾にはflier上の要約記事にアクセスできる二次元コードを掲載しているので、そこから実際に要約本文をお楽しみいただくこともできます（なお、全文お読みいただくには会員登録が必要です）。

本は、古今東西の色んな世界に連れていってくれるもの。本との出合いが、もっと気軽なものになれば、ヒラメキが生まれやすくなる。そして、人はもっと自由になれる。そんな願いをこめて、flierは毎日要約を届けています。

この本から読者のみなさまが「心の拠りどころになる本」「背中を押してくれる本」と出合い、豊かな人生に活かしていただけるよう願ってやみません。

本の要約サービスflier編集部

＊なお、本書内で紹介する著者のプロフィールは２０２４年６月時点のものです。

必読ベストセラーを超要約！　ビジネス書大全　目次

第1章　コミュニケーション

第2章　習慣

第3章　仕事・勉強術

第4章　思考術・リーダーシップ

第5章　お金

第6章　社会・ライフ

『必読ベストセラーを超要約！　ビジネス書大全』購入者限定特典
左下の二次元コードよりflierに登録いただきますと、flierゴールドプランを14日間無料でお楽しみいただけます（ゴールドプランは、全ての要約コンテンツが読み放題となるプランです）。
※なお、この特典は予告なく終了することがあります。現在ゴールドプランのお客様は、キャンペーンの対象外となることをご了承ください。また、第三者への二次元コード・URLの共有などはお控えください（本特典に関するお問い合わせは、flierまでお願いいたします）。

第1章 コミュニケーション

「人を動かす」プレゼン

『1分で話せ 世界のトップが絶賛した大事なことだけシンプルに伝える技術』（SBクリエイティブ）

伊藤羊一
武蔵野大学アントレプレナーシップ学部学部長

要点1 プレゼンの目的は「人を動かす」ことにある。「理解してもらう」ことや「きれいに話す」ことはゴールではない。

要点2 聞き手を具体的にイメージし、その人たちの反応を想像しながらプレゼンの準備を進める。準備とは、話す内容や言葉遣い、話し方などを考えていくことだ。

要点3 プレゼンにおける「結論」とは、「相手をどこに動かすか」である。

要点4 プレゼンのロジックは1つの結論と、それを支える3つの根拠のピラミッドで作る。

要点5 ロジックで左脳に、イメージで右脳に働きかけることで、相手の気持ちを動かす。

おすすめポイント

本書では「1分で伝える」ためのプレゼンでの話し方を中心として、「伝わる話し方」を紹介している。

そもそもプレゼンは「人を動かす」ために行うものだ。したがって、その目的を達成するために、根回しからアフターフォローまで、できることはなんでもやるべきだ――というのが、著者の主張だ。

結論から話すのはビジネスの基本だが、では結論とは何なのか、といった根本的な問題から、あえて上司に「突っ込ませる」などの応用的なテクニックまでを幅広く取り上げている。

1分で伝えるためのテクニックは実践的なものばかり。たとえば、プレゼンにおいて「結論」「3つの根拠」という骨組みを意識すると相手に伝わりやすい。

さらには、取引先の社長との商談や、会議の収拾がつかなくなってしまった場合など、ビジネスの場で直面しそうなさまざまなシーンが想定されているのもありがたい。

プレゼンが苦手な人はもちろん、プレゼン力に自信をもっている人も、読めば新たな気づきを得ることができるだろう。

一読のすすめ

本書では「良い例」「悪い例」が具体的に提示されている上、内容も非常にシンプルで理解しやすく、実践しやすい。プレゼンだけでなく、常に他者との「対話」をしているビジネスパーソンなら、身につけておきたいノウハウばかりだ。

さらに深掘りしたい方はこちら

日常のコミュニケーションをワンランク上に

『人は話し方が9割』

（すばる舎）

永松茂久

株式会社人財育成JAPAN
代表取締役

要点1

コミュニケーションがうまい人は、「拡張話法」を使っている。拡張話法は、感嘆→反復→共感→称賛→質問の5ステップで相手の話を広げるテクニックだ。このテクニックを使えば、相手は気分をよくし、次々と話を展開させていく。

要点2

話題がないなら、無理に話す必要はない。それよりも、話しやすい人と話して会話力を高めよう。

要点3

「でも」「だって」「どうせ」「ダメ」の「4Dワード」を口にする人、つっこんだ男女関係や下ネタを話す人、相手の話を奪う人は嫌われる。

おすすめポイント

「もっとうまく話すことができたなら……」と、話し方にコンプレックスを抱くビジネスパーソンは少なくないだろう。世の中に「話し方」についてのビジネス書が溢れていることからも、それがわかる。

その中でも本書は、「大切なことを適切なタイミングで話せる人になりたい」「思っていることを正直に言えない」「沈黙の時間が怖い」などといったリアルな悩みを解決してくれる。

本書の著者が提案する方法のひとつは、「苦手な人との対話を避け、大好きな人と話す時間を増やす」ことによって、コミュニケーションが上達する好循環を作り出すというものだ。

好きな人と会話すれば、会話が弾む。その結果、徐々に自信がつき、「話しづらいな」「苦手だな」と感じることが減り、より多くの人と話せるようになる――というわけだ。

取り上げられるのは、特別なシーンにおける話し方ではない。上司や家族、友人などといった身近な人たちとのコミュニケーションを円滑にするコツだ。その理由は、人前でプレゼンテーションする機会はそう多くないが、日常的なコミュニケーションは1日に何度も繰り返すものだからだという。

本書で紹介されるメソッドは、どんな立場の人にも大きな効果を発揮するだろう。

特に、話し方がうまくなる「3つのコツ」は活用しやすい。

相手の意見に対する「否定禁止」

「笑顔でうなずくこと」

人をほめる・感動した話をするといった「プラストーク」

の3つだ。これらのコツをおさえるだけで、「あの人がいると明るい空気になる」と思ってもらえること請け合いだ。話し方に悩んでいる人は、ぜひ実践してみてほしい。

一読のすすめ

本書は、「人生は『話し方』で9割決まる」という衝撃的な第1章から始まり、

『また会いたい』と思われる人の話し方」「人に嫌われない話し方」「人を動かす人の話し方」と、誰もが読まずにいられないような章が続く。

いずれも読みやすい文章で書かれており、ボリュームもコンパクトだ。自分のコミュニケーションを見直すきっかけとして、家族や上司、部下とのコミュニケーションに悩むすべての人に手に取っていただきたい一冊である。

さらに深掘りしたい方はこちら

一生ものの言葉の力を手に入れる

『博報堂スピーチライターが教える　5日間で言葉が「思いつかない」「まとまらない」「伝わらない」がなくなる本』（大和出版）

ひきたよしあき
株式会社SmileWords
代表取締役

要点1
頭の中にある単語やアイデアを引っ張り出すには、脳の訓練が必要だ。繰り返し練習することで、どんどんアウトプットが速くなる。

要点2
論理的に発想するためには、「5つのＷＨＹ」や、「バックキャスト」というゴールを考える手法が有効だ。

要点3
人の行動をうながすには、頭の中に映像を浮かべられるように、「笑っている」「歌っている」といった「動詞」をたくさん盛り込むことが効果的だ。

要点4
プライベートな話題のネタを10個用意しておくと、話題に困らなくなり、相手の興味を引いて話をすることができるようになる。

おすすめポイント

仕事をしていると、会議・商談・プレゼン・企画書など、「言葉で伝える」機会が非常に多くある。「思いつかない」「まとまらない」「伝わらない」は、どれもビジネスパーソンにとっては思い当たる節がある悩みなのではないだろうか。

本書は、博報堂のスピーチライターである著者の、35年にわたる学生たちとのコミュニケーションから生まれたものだ。著者が出会ってきた学生たちの多くは、「言葉」の悩みを抱え、自信がないのだという。そんな人でも、本書に書かれた5日間のトレーニングを通じて、一生ものの言葉の力を身につけることができる。

ストーリー仕立てである本書は、入社3年目の大が和田先生という広告の先生に再会するところから始まる。言葉の悩みを抱えた大は、和田先生のアドバイスを5日間にわたって実行していくうちに、めきめきと力をつけていく。

たとえば、論理的に発想する方法として、〝なぜ〟を5回くり返す「5つのWHY」や、ゴールを想定して現在に立ち戻る「バックキャスト」などを学べる。大の悩みに和田先生が回答している様子を見ていると、紹介されているメソッドが役に立つ場面を具体的に想像することができる。自然と「自分もいっしょに実践してみようかな」という気持ちが湧いてくるはずだ。

効果的なメソッドが紹介されていながら、語り口がやわらかく、親しみやすい。一気に読んでしまうのも、本に書かれたことを実践しながら5日間トレーニングしてみるのもいいだろう。

本書のメソッドを実践していくことができれば、今までとは違った言葉の力を自分の内側から感じることができるはずだ。

一読のすすめ

本書には実況中継を行う訓練や、擬人化して考える方法、話し始めで相手の心を摑む方法など、ユニークで取り組みやすいメソッドが多数掲載されている。最初は「思いつく」ことにすら苦労していた大が、「考える」「発想してまとめる」という段階を経て、「伝える」さらには「説得力を増す」というところまで到達していく様子は、言葉に苦手意識を持っている人を勇気づけてくれるだろう。和田先生の講義を受ける大の様子を見守りながら、ぜひ本書をお楽しみいただきたい。

さらに深掘りしたい方はこちら

あなたの価値を周囲が認める説明術

『「説明が上手い人」がやっていることを1冊にまとめてみた』

（アスコム）

ハック大学 ぺそ

ビジネスパーソン向けYouTuber

要点1

説明する前に「相手」と「目的」を確認しよう。そうすれば、相手の期待に応えやすくなる。

要点2

ビジネスの場では、数字を使って説明するのが鉄則だ。使える数字がない場合は「仮説思考」を活用する。ここでの仮説思考とは、手元のデータを分析して仮説を導き出すことである。

要点3

話が長いと言われる人は、「抽象から具体へ」の流れで話すとよい。

おすすめポイント

本書の著者は、人気ＹｏｕＴｕｂｅｒ、ハック大学 ぺそ氏だ。著者によると、説明が上手いと、一緒に仕事をする人に、「仕事ができる」「頭がよさそうだ」「この人ならきっと上手くやってくれるだろう」などといったポジティブな印象を与えることができるという。説明力は、あなた自身の価値を周囲に認めさせるツールになるのだ。

外資系金融機関勤務の著者は、ビジネスの最前線で出会った「説明が上手い人」を観察し、そうした人に共通するテクニックを発見した。そのテクニックを真似ることで、さまざまな困難を乗り越え、今に至っているのだという。

本書では、著者の人生を変えた説明術がたっぷり紹介される。具体的には、「抽象から具体へ」の流れを守る、説明内容を相手の「レベル」（理解度）と「期待値」（説明によって何を知りたいと思っているか）に合わせる、といった内容だ。

本書を通読して感じるのは、誰に、何のために伝えるかといった「相手」ファーストの姿勢である。

「論理的かどうか」「プレゼンが洗練されているかどうか」など、「自分が」どう伝えるかは重要視されない。つまり、わかりやすい説明をするために最も重要なのは、「説明は相手の理解のために行うもの」というポイントを理解することなのだろう。

話が長いと言われがちな人、説明術を学んだはずなのに上手くいかない人、上司に意見を求められると固まってしまう人、「結局、何が言いたいの?」と言われてしまう人……。本書はあなたの心強い味方として、仕事と人生を変えてくれるに違いない。

一読のすすめ

「仕事ができる人」になりたいなら、説明力を磨くことから始めてみてはいかがだろうか。本書のテクニックを一通り身につければ、仕事の効率だけでなく、あなたの評価も大きく上がるに違いない。本書ではそれぞれの項に「よい例」と「悪い例」が示されており、直感的に理解できるので、説明を学びたい人の最初の一冊としておすすめしたい。

さらに深掘りしたい方はこちら

相手の承認欲求を満たす側に回れ

『頭のいい人が話す前に考えていること』

（ダイヤモンド社）

安達裕哉
ワークワンダース株式会社
代表取締役CEO

要点1

あなたの頭のよさを決めるのは他者だ。「頭のいい人」と認められれば、話を聞いてもらいやすくなるだけでなく、自分の希望が通りやすくなる。

要点2

コミュニケーションがうまい人は、自分の承認欲求を抑制し、他者の承認欲求を満たすことに注力している。

要点3

「成り立ちを知ること」は、その対象を深く考えたり、新しいアイデアを出したりするためのヒントになる。

おすすめポイント

「テクニック」だけでは、人の心は動かせない。じゃあ、どうすればいい？　結局、センス？　才能？　生まれ持った頭のよさ？　いいえ。必要なのは、話す前に立ち止まる勇気だ――本書の帯に書かれているキャッチコピーである。

著者の安達裕哉氏は、デロイト トーマツ コンサルティング（現アビームコンサルティング）に新卒入社し、大阪支社長、東京支社長を歴任したのちに独立した。著書に『仕事ができる人が見えないところで必ずしていること』（170ページ）がある。これまで、だれもが知る上場企業をはじめとして、さまざまな業種の中小企業も含め、実に3000社以上の経営者と向き合ってきたという。著者のコンサルタント時代のエピソードが豊富に紹介されているのも、本書の特長のひとつである。

本書では、7つの黄金法則と5つの思考法が提示される。7つの黄金法則には、

「とにかく反応するな」
「頭のよさは、他人が決める」

「人と闘うな、課題と闘え」

「承認欲求を満たす側に回れ」

といった内容が含まれる。

要約者が興味深いと感じた黄金法則は、「人はちゃんと考えてくれている人を信頼する」である。

この法則を説明する例として、デートの相手から「この青の服と、白の服、どっちを買ったらいいと思う？」と聞かれたときの〝正解〟が示されている。さて、あなたなら何と答えるだろう？

答えはどちらかの色を選択するのではなく「白と青、それぞれ、どこがいいと思ったの？」だ。これによって、相手のことを考えていると表現することができる。

一読のすすめ

著者は本書の「はじめに」で「何度も読み返したくなる本」ではなく「読み返

さなくていい本」を目指したと述べている。巻頭にある「話すたびに頭がよくなるシート」を切り取り、空欄を埋めて持ち歩くだけでＯＫだというのだ。

また、５つの思考法に関しては、「自分のしたい話ではなく、相手の聞きたい話から話して、相手の聞くスイッチを入れる」「言語化するコストを誰が払っているかを意識せよ」など、グサリとくる人が続出しそうな内容だ。ぜひ手に取って読んでもらいたいと思う。

さらに深掘りしたい方はこちら

「伝える」に苦手意識を持つ人へ

『バナナの魅力を100文字で伝えてください

誰でも身につく36の伝わる法則』

（かんき出版）

柿内尚文

編集者

要点1

人は、伝えてもらわないとわからないものだ。言葉だけでなく態度や表情も含めて、うまく伝える必要がある。

要点2

伝わるためには「伝わる構造」を理解したうえで、「伝わる技術」を習得し、さらに「実践（行動）」しなければならない。

要点3

「伝わる技術」のひとつに「比較の法則」がある。比べることで、それぞれの違いや魅力がよくわかるようになる。

要点4

そもそも、人に何かを伝えることは難しい。この前提を理解したほうが、わかりあえる部分が増えるのではないだろうか。

おすすめポイント

伝えたいのに伝わらない。これは人の永遠の悩みといってもよいだろう。自分の説明の仕方が悪いのか、はたまた相手の理解力が足りないのか。お互いに責任を押し付け合うように、「わかりあえない」と嘆く場面は日常的に目にする光景だ。

そんなとき、うまく「伝える」ことにフォーカスして解決しようとすることが多いが、本書は一味違う。自分を主語にして「伝える」のではなく、相手を主体にして「伝わる」を目指すというのだ。そのために、「わかってもらうのは難しい」という前提からスタートする。相手と自分は違う人間だ。同じ説明への感じ方も違えば、見ている世界も違う。そのことを理解してこそ、「わかりあえる」部分が増えるのではないかと呼びかける。

本書は、「伝える」ことに四苦八苦してきた著者が、「伝わる」とはどういうことかを考え、学び、実践してきたことの積み重ねから生まれた。だからこそ、伝えることに苦手意識を感じ、自分には無理だと思っている人の気持ちにも寄り添い、誰でも取り入れられる「伝わる技術」を紹介している。身近なたとえを交えながら、やわらかい口調で書かれており、読みやすく納得しやすい。

『バナナの魅力を100文字で伝えてください』というタイトルも、さまざまな法則からできている。バナナという「親近感」のある食べ物を題材に、「100文字」という「数字の法則」を使い、「伝えてください」と働きかけることで自分ゴトにしてもらうねらいだ。

どの法則の解説も身近なたとえが豊富で、自分が実践しているところをイメージしやすい。通読して取り入れやすいものから試してみるだけでも、自分の変化を感じることができそうだ。

一読のすすめ

本書には他にも「フリオチの法則」「相手メリットの法則」など、さまざまな法則が掲載されている。

また、「『伝えるのが面倒な人』への対応策」と題して、否定ばかりする人や話が通じない人、話が広がらない人などへの対処法についても具体例を交えて解説されている。

「伝える」「伝わる」に悩んだときに、きっと本書が助けになってくれることだろう。

さらに深掘りしたい方はこちら

おもしろく話す必要はない

『超雑談力 人づきあいがラクになる 誰とでも信頼関係が築ける』（ディスカヴァー・トゥエンティワン）

五百田達成
作家・心理カウンセラー

要点1
雑談の目的は、人間関係の構築である。おもしろい話をする必要はなく、ただ和やかに会話が続きさえすればいい。

要点2
困ったことを言う人には、反論してはならない。「○○さんはどう思います？」と、他の人に話を振ったり、「今日はありがとうございました」と話を終わらせたりするのが効果的だ。それでも相手が粘ってくるなら、「またお願いします」とダメ押しして会話を終わらせよう。

要点3
上司や取引先とタクシーに同乗する際は、「車窓から見える街並み」を話題にしよう。目についたものの話を振れば、あたりさわりない話題で盛り上がれる。

おすすめポイント

仲のいい友人となら、いつまでもおしゃべりできるものだ。でも、初対面の人やちょっとした知人、上司や取引先との雑談はそうはいかない。たとえば、顔だけ知っている程度の知人とタクシーで2人っきりになってしまった、上司と帰りの電車が一緒になってしまった……そんなとき、とくに話すこともないが、沈黙は気まずい。「ああ、何を話そう?」と居心地の悪い思いをした経験は、きっと誰にでもあるはずだ。

そんなときに役立つのが、本書だ。誰とでもうまく雑談できるコツが紹介されている。

本書で紹介されるコツは、

「雑談の目的はただ会話のラリーを続けること」
「初めて相手の名前を聞いたときは、名前の由来を聞いて話を広げる」
「相手のこだわりを尋ねてはいけない」

など、シンプルにして明確だ。一冊読み終わるころには、雑談の達人になったような気がしてくる。

エレベーターなど逃げられない密室では、「話しかけさえすればいい」、とりとめのない話は「『オチはないけど』と最初に言ってしまう」など、「なんだ、雑談力といっても話術を磨く必要はないんだ」と気が楽になるアドバイスもたくさんある。

長い人生、雑談の機会は星の数ほどあるはず。本書を手元に置き、「超雑談力」を身につけてみてはいかがだろうか。

一読のすすめ

本書は、「初対面編」「知人／飲み会編」「職場／ビジネス編」の3つのパートに分けて、「あるある」なシチュエーションでの雑談テクニックを教えてくれる一冊だ。

本書で紹介される事例は非常にリアルで、何度もギクリとさせられるだろう。「これが正解だったのか！」とうなずいたり、「しまった！」といままでのミスに気づいたりと、雑談が苦手な人はもちろん、人づきあいに自信がある人にとっても多くの発見があるはずだ。

さらに深掘りしたい方はこちら

相手ファーストが聞き上手の極意

『聞き方の一流、二流、三流』

（明日香出版社）

松橋良紀
一般社団法人
日本聴き方協会
代表理事

要点1

三流はなんとなく聞き、二流は「自分」に意識を向けて聞き、一流は相手に意識を向けた状態の「第二ポジション」で聞く。相手の話を聞くときは、自分のことを考えるのではなく、相手に意識を向けよう。

要点2

意見を言うとき、三流は相手より先に言い、二流は相手と同時に言い、一流は常に後出しをする。相手のニーズを聞いてから、要望に合わせた提案を口にするのが一流だ。

要点3

三流は話泥棒をし、二流は質問をして、一流はオウム返しして待つ。相手が話している間は、言いたいことがあってもグッとこらえるべきだ。そうすれば、相手が自分の話したいことを気持ちよく話してくれやすくなる。

おすすめポイント

聞き上手は誰からも好かれるし、仕事もうまくいく――。これは誰もが認識していることだろう。

では、具体的に何をすれば聞き上手になれるのだろう？　この疑問に答えてくれるのが本書である。

著者は『すごい雑談力』や『何を話せばいいのかわからない人のための雑談のルール』など、雑談や話し方、聞き方のベストセラーで知られる松橋良紀氏だ。松橋氏自身、売れない営業担当者だったが、聞き方を学んだことで人生が一変。たった1カ月で、全国450人中トップの成績を叩き出したという。

本書には、数々の人たちの人生を変えた「聞き方」のメソッドがぎゅっと詰まっている。松橋氏は本書の冒頭で「この本を出版することで、今までの（私の講座を受けてきた）受講者のみなさんには激怒されるかもしれません。なぜなら、数万円から数十万円頂く講座の内容を紹介してしまっているからです」と語っている。

本書には、あっと驚く「一流、二流、三流」の聞き方が多数紹介されている。例えば、相手の愚痴を聞くときの対応。三流は相手の愚痴をやめさせようとし、二流は解決策を提示し、一流は本気で共感して愚痴を終わらせるという。確かに、愚痴を聞いてほしいときに「愚痴を言うのはやめて！」と遮られたり「こうしてみたら？」とアドバイスされたりしたら、ますますモヤモヤするに違いない。だが、真剣に聞いてもらえると、あっという間に気持ちがスッキリして、楽しい話題に切り替えられるだろう。

一読のすすめ

「自分はちゃんと聞けていると思う」「聞き方の本はこれまでたくさん読んできた」という人も、パラパラと目次をめくってみてほしい。どの項目も「三流は○○をする、二流は△△をする、一流はどうする？」という形式で書かれており、「えっ⁉」と驚くものがいくつもあるはずだ。

自分が〝聞き方の一流〟ではないと気づけたら、「聞き上手」への一歩を踏み出したも同然である。

さらに深掘りしたい方はこちら

「結論から話す」だけが正解ではない

『説明の一流、二流、三流』

（明日香出版社）

桐生稔

株式会社モチベーション＆コミュニケーション
代表取締役

要点1

何かを説明する際、三流は思いついたまま話し、二流はモレなくダブりなく話し、一流は大胆に削って最も重要なポイントのみを話す。

要点2

相手に協力を求めるとき、一流は「目的（何のためにそれをするのか？）」と「個人への関係性（それを実現すると相手に何が起こるか？）」を伝える。この2つが重なってこそ、行動を促せる。

要点3

リモート会議では、対面の場に比べて圧倒的に相手の情報が不足している。そのため一流は、冒頭で挨拶に続けて軽い質問をして相手の反応を見てから、その後の展開を決めている。

おすすめポイント

会議や商談で自分の意図や肝心なポイントがうまく伝わらず、苦労した……。ビジネスシーンで、自分の説明が相手にうまく伝わらなかった経験をお持ちの方は多いのではないだろうか。あのとき、どうすればよかったのだろう――その答えは本書の中にあった。

本書では、45の項目に分けて、三流、二流、一流の説明はどんなものなのかを教えてくれる。各項目が端的に「わかりやすい説明」で記載されているので、非常に理解しやすい。本書にまとめられているノウハウは、著者自身の周囲にいた一流のビジネスパーソンから学び、ブラッシュアップしたものだという。

たとえば、「結論から話す」はわかりやすい説明のコツとしてしばしば挙げられるものだが、一流は前提、背景、根拠から話しはじめたり、結論を言わなかったりすることもある。そのときの状況によって、相手が求めるものを把握してから、適切な構成で話しているのだ。

たしかに、結論を求められているときもあれば、前提、背景、根拠から伝えたほうがいいときもあるし、「ただ話を聞いてほしいだけ」というケースもあるだろう。

一読のすすめ

本書は説明に自信がない方はもちろん、実は自信を持っている方にもおすすめしたい一冊である。社会人としての経験が長く、説明に多少の自信を持っている人でも、本書を通して新たな考え方を学べる。

たとえば、ビジネススキルとして王道のPREP法（結論・理由・具体例・結論の順番で話し、説得力を高める方法）。よく使われる手法だが、一流は相手に伝えるために順番を変えたり、不要なものを取り除いたりしているそうだ。「伝わらないときはいったん説明を放棄する」などといった教えも、驚くと同時に納得できるものだ。

著者自身、駆け出しのビジネスパーソンのときは、説明下手で営業成績最下位だったという経験を持つ。そこから一念発起し、現在は伝わる話し方を教える立場になった。
そんな著者のノウハウは明快で、リモートの打ち合わせやテキストでのやり取りでも使える。自身のスキルを棚卸しし、ブラッシュアップするために、ぜひ読んでみてほしい。

さらに深掘りしたい方はこちら

エモロジカルな話し方を身につける

『世界最高の話し方

1000人以上の社長・企業幹部の話し方を変えた！「伝説の家庭教師」が教える門外不出の50のルール』（東洋経済新報社）

岡本純子
株式会社グローコム
代表取締役社長

要点1
人は自分の聞きたい情報だけ受け入れるものだ。正論やファクトを振りかざしても、相手の心は動かせない。

要点2
簡潔に要点を伝えるには、（1）言いたいことを全部出す、（2）出した中から「心が動く言葉」をピックアップする、（3）13文字程度に「たたむ」という3つのステップを踏むとよい。

要点3
「論理」と「感情」の両輪を使った「エモロジカル」な話し方をすれば、簡単に人を動かすことができる。重要なのは、絵を見せるように話すことだ。

おすすめポイント

本書はプレゼンをはじめ、「伝える」ことに悩んでいるビジネスパーソンのための書だ。

著者が強調するのは、相手の感情を動かすことの重要性である。一方的に話すのではなく、話し手と聞き手が双方向にやりとりし、そこに何らかの「化学反応」が起きたとき、はじめて伝わり、人が動く。「言えば、伝わる」と思うのは、大きな間違いなのだ。著者は、ロジカルな話し方とエモーショナルな話し方を巧みに組み合わせて、人を動かす「エモロジカルな話し方」をするための実践的な秘訣を教えてくれる。

話し方がうまくなりたいなら、練習するのみだ。本書によると、TEDトークで最も人気のある上位25個のプレゼンテーションの共通項は「笑いをとっている」「拍手や歓声を集めていた」「問いかけが多い」だという。これらをお手本として実際に視聴したら、あとはスポーツのように練習で体にしみこませよう。プレゼンで、そして日常のビジネスの場で言いたいことが伝えられるようになれば、英会話ができるようになるのと同じくらい、人生が変わるだろう。

一読のすすめ

ビジネスパーソンで「話し方」に悩んでいない人は、ほとんどいないのではないだろうか。とくに後輩や部下を指導する立場になったり、プロジェクトで利害の対立する関係者と調整する役割を担ったりすると、「どうして当然のことを理解してくれないのだろう」「自分の問題意識を共有してもらって、一緒に行動してほしい」と切実に考えるようになる。

特にコロナ禍を経てオンラインミーティングも浸透した現在、話し方の重要性はますます大きくなっている。対面で仕事をしていたときの「雰囲気を醸し出す」「表情から推し量ってもらう」などといった手法が通用しないからだ。

本書で著者は、「剛速球を投げて、悦に入る」のではなく「ゆるくキャッチボールを続ける」ことがコミュニケーションの理想形であるとしている。実際、世界のリーダーのコミュニケーションのカタチはいま、「教官」型から「共感」型へ変わってきているそうだ。

話し方を学ぶことで、新たなリーダーシップのスタイルもトレーニングできる。それを教えてくれる本書を、ぜひ多くのビジネスパーソンにお読みいただきたい。

さらに深掘りしたい方はこちら

順番を制する者が説明を制する

『一番伝わる説明の順番』

（フォレスト出版）

田中耕比古

株式会社ギックス

取締役

要点1

あなたの説明を改善するためには、（1）何をどの順番で説明するのか意識する、（2）説明する相手の理解レベルを意識する、（3）何を言いたいのか決めてから話す、の3つを心がけよう。

要点2

説明とはコミュニケーションである。相手の思考を意識しながら説明することが大切だ。

要点3

一番伝わる説明の順番とは（1）話す内容に関する相手の知識量や理解度、話の範囲といった前提をそろえる、（2）結論・主張・本質、（3）根拠・理由・事実、（4）補足情報、（5）結論・相手に促したいアクション、の流れだ。

おすすめポイント

本書では、「説明はコミュニケーション（情報伝達）である」ということをカギに、伝わる説明のコツを解説している。著者・田中耕比古氏によると、「何をどの順番で話すか」を意識するだけで、説明力を劇的に上げることができるという。ビジネス書ではしばしば「どう伝えるか」が取り上げられているが、それ以上に「情報を伝える順番」が物を言うのだ。相手を観察し、相手の思考を想像してそれに柔軟に対応しつつ話す。そんなふうに相手の思考を意識できるかどうかが、説明の伝わりやすさを左右するということを本書は教えてくれる。相手から説明を求められた場合に行う「相手主導の説明」の手順と極意が学べるのも、大きな魅力だ。

説明の順番をマスターすれば、説明力を一気に上げられるだろう。またプレゼンや調査報告の準備を行う上でも、「説明の順番」を参考にすることで、押さえるべきポイントを摑むことができ、準備をスムーズに進めることができるだろう。あなたの印象のみならず、仕事の成果も大きく好転するはずだ。

一読のすすめ

本書では、自分の思考と相手の思考を整理するコツ、印象に残る伝え方のコツ、そして説明力を磨く思考習慣とトレーニングが紹介されており、盛りだくさんだ。本書を手に取って説明のコツを理解し、トレーニングを実践すれば、説明力をさらに高めることができるだろう。

さらに深掘りしたい方はこちら

「魔法の傾聴」の中身とは

『人は聞き方が9割』

（すばる舎）

永松茂久
株式会社人財育成JAPAN
代表取締役

要点1

話を丁寧に聞くことで、相手に安心感を与えることができ、誰からも求められる存在になれる。

要点2

聞き上手たちは、表情、うなずき、姿勢、笑い、感賛（感嘆＋賞賛）という「魔法の傾聴」を自然と実践している。この聞き方をマスターすれば、相手が自然と話し始め、あなたのことを好きになってくれる。

要点3

「聞くこと」が重要だとはいえ、最初からすべての人の話を聞こうとする必要はない。まずはあなたの大切な人からチャレンジすべきだ。

おすすめポイント

２０２０年、２０２１年、そして２０２２年と3年連続で「一番読まれたビジネス書」（日販調べ）に輝いた大ベストセラー『人は話し方が9割』（26ページ）の続編がついに登場した――本書の紹介はこれだけでも十分かもしれないが、もう少しだけ本書の魅力をお伝えしたい。

本書では、人間関係において「聞くこと」が大切な理由や相手に安心感を与える「聞き方」のテクニックが、さまざまな事例を交えながらやさしく説明されている。特に注目したいのは、「聞くこと」が大切な理由だ。著者の永松茂久氏によると、「聞くこと」によって相手に安心感を与えることができ、誰からも求められる、貴重な存在になれるのだという。

聞き上手な人は、自然と「魔法の傾聴」を行っている。それは、表情、うなずき、姿勢、笑い、感賛（感嘆＋賞賛）である。たとえば表情についてなら、相手より先に笑顔を見せる「笑顔の先出し」によって好印象を与えられる。「魔法の傾聴」をマスターすれば、相手が自然と話し始め、こちらを好きになってくれるのだ。

ふだんのコミュニケーションを振り返ってみれば、自分が話している時間よりも、誰かの話を聞いている時間のほうが長いはずだ。となると、相手の話をうまく聞くことで人間関係がより円滑になっていくのは、疑いようもない事実だろう。

しかし「聞くこと」の力は、それだけにとどまらない。著者によると、どんな話も好奇心を持って聞くことで、人生がより楽しくなっていくという。

本書で語られる「聞く」という行為は、単に人間関係をより良くするだけのものではない。あなたの人生をひとつ上のステージに上げてくれる「魔法」でもあるのだ。本書を手に取ればきっと、「聞くこと」の重要性をさらに深く理解できるだろう。

一読のすすめ

著者はある人から聞いた「身体は食べたもので作られる。心は聞いた言葉で作られる。そして未来は語った言葉で作られる」という言葉を人生の羅針盤として、出版活動を行っているという。

本書は、前著『人は話し方が9割』と対をなすものではなく、前著の続編、もしくは拡大版という位置づけとなっている。

「聞く力」を磨いて自分の心を成長させ、さらに役立つ人間になりたい――そう考えるすべての人に、ぜひ『人は話し方が9割』とあわせて一読をおすすめしたい。

さらに深掘りしたい方はこちら

組織内の溝を越える

『他者と働く　「わかりあえなさ」から始める組織論』（NewsPicksパブリッシング）

宇田川元一
埼玉大学経済経営系大学院
准教授

要点1

ビジネスの現場でこじれたままになっている問題の多くは、関係性のなかで生じる「適応課題」である。適応課題は、これといった解決策が見つからない問題であり、互いの「ナラティヴ」の間に溝があることにより生じている。

要点2

ナラティヴとは、立場・役割・専門性などによって生まれる「解釈の枠組み」である。著者は、対話によってナラティヴの溝に橋を架けることを提唱する。

要点3

対話とは、準備（溝に気づく）・観察（溝の向こうを眺める）・解釈（自分と相手の間にある溝に架ける橋を設計する）・介入（溝に橋を架ける）という4ステップで「新しい関係性を築く」プロセスを意味する。その第一歩は、自分のナラティヴを脇に置くことである。

おすすめポイント

本書は、静かな語り口が非常に印象的な一冊である。しかし、その言葉はしっかりと読者の心に刻まれていくだろう。それは、多くのビジネスパーソンと向き合ってきた著者の経験が、文章ににじみ出ているからだと推察する。

表紙には"Dialogue and Narrative"と刻まれている。本書でいうナラティヴとは、ビジネスをするうえでの専門性や職業倫理、組織文化などに基づいた「解釈の枠組み」のことである。組織の中で起きている、「わかりあえなさ」や「やっかいな問題」は、ノウハウやスキルが通用しない問題のことが多い。そして、当事者同士のナラティヴの間に溝ができていて、しかもそのことに気づいていない状態である可能性が高い。

そこで著者は、自分のナラティヴをいったん脇に置いて、相手のナラティヴを観察してみることをすすめている。溝を越え、相手のナラティヴのなかに飛び移って、こちら側を見てみるのだ。そうしたことを通じて、当事者間に「新しい関係性を構築すること」が可能になり、問題は解消に向かっていく。こうした一連のプロセスをダイアローグ、対話と呼んでいる。

対話の本質は、「相手の身になって考えても、相手の身になれないということを受け入れておく」こととも いえる。それを心構えのレベルではなく、実践に裏づけられた再現性の高いメソッドとして提示しているのが、本書の革新的な点だ。

不要な対立を避け、組織の未来を明るいものにするために、ぜひ身につけておきたいアプローチである。

一読のすすめ

本書では「総論賛成・各論反対の溝」「正論の届かない溝」「権力が生み出す溝」に挑むといった実践例のほか、「対話を阻む5つの罠」といった章も設けられている。「不快感」「違和感」「居心地の悪さ」など心のざわつきに耳を傾けることの大切さに言及されているのもよい。それは重大な適応課題の一端である可能性が高いからだ。

実践と研究から生まれた著者の言葉には深い含意がある。著者の個人的な経験を綴った、本書の「おわりに」からは、逆境のなかでも対話に挑み続けることの重要性をより深く学ぶことができる。そして、多くの読者の胸に染み入ることだろう。

さらに深掘りしたい方はこちら

「内なる言葉」に目を向けよ

『「言葉にできる」は武器になる。』

（日本経済新聞出版）

梅田悟司

コピーライター

要点1

他者とコミュニケーションする時に使う「外に向かう言葉」をレベルアップするには、頭の中の「内なる言葉」と向き合う必要がある。

要点2

「内なる言葉」と向き合うためには、頭に浮かんだ言葉を書き出し、幅と奥行きを持たせて、解像度を上げる作業が効果的だ。

おすすめポイント

コミュニケーションにおいて何より重要なのは、「相手に納得・共感・共鳴してもらい、想定通りに動いてもらうこと」だろう。

ところが、説明術などに関する書籍を参考にして「うまく話すコツを摑めた！」と思っても、自分の言葉になったとたん、どこか説得力に欠けてしまうことがある。逆に、言葉数が少なく、その一つひとつがシンプルだったとしても、心を摑まれることもある。

その違いはいったい何なのだろうか。本書はその答えをくれる。

本書の特徴は、「外に向かう言葉」よりも「内なる言葉」、つまり自分の頭の中にある言葉に目を向けている点だ。自分の「内なる言葉」を明確にし、幅と奥行きを持たせることで、自ずと「外に向かう言葉」が磨かれると著者はいう。

著者は、「バイトするなら、タウンワーク。」や「世界は誰かの仕事でできている。」などのコピーで知られる、コピーライターの梅田悟司氏だ。梅田氏オリジナルのメソッドを習慣化することで、「内なる言葉」が整理され、説得力のある

「外に向かう言葉」を紡ぎ出せるようになる。

そのメソッドとは、

「アウトプットする」

「拡張する」

「化学反応させる」

という3つのプロセスから成る。そして出発点となるのが、「頭の中を書き出す」ことだという。

言葉がただ単に伝わるだけでなく、人の心を動かすレベルに到達するために、多くの言葉やしゃれた表現は必ずしも必要ではない。カギとなるのは、その人の熱い思いや考えが言葉に反映されていることだ。うまく伝わらない、いつも定型文に逃げてしまう、思いはあるがうまく言葉にならない……そんな人に、本書のメソッドを試してほしい。

一読のすすめ

本書の第3章では、コピーライターである著者ならではの「言葉にするプロセス」が、「ここまで明かしていいのか」と驚くほど詳しく紹介される。「我が辞書に、不可能の文字はない」や「少年よ、大志を抱け」などといった名言がなぜ胸を打つのか、5つの型を用いて具体的に解説しているのも興味深い。

本書を参考に、お気に入りの名言や歌詞を分析してみるのもおもしろいかもしれない。

さらに深掘りしたい方はこちら

雑談はビジネスの武器である

『世界の一流は「雑談」で何を話しているのか』（クロスメディア・パブリッシング）

ピョートル・フェリクス・グジバチ

プロノイア・グループ
株式会社代表取締役

要点1

日本では「雑談」を、本題に入る前の「潤滑油」や場を和ませるための会話と考えるが、世界のビジネスでは、成果を出すための「武器」として使われる。そのため、会話の目的を明確にして、入念に事前準備をして臨む必要がある。

要点2

社内の雑談はチームメンバーの働き方に影響を与え、生産性を高める。グーグルでは、社内の雑談を促すためのさまざまな施策がとられている。

要点3

商談における雑談の目的は、「つながる」「調べる」「伝える」「共有する」の4つである。

おすすめポイント

本書の著者は、人材開発・組織改革のプロであり、『ニューエリート』などのベストセラーを持つピョートル・フェリクス・グジバチ氏だ。本書では豊富なグローバル経験をもとに、ビジネスにおける「雑談」に切り込んでいる。

本書から、３つの観点を紹介する。

１つ目は、「海外と日本の雑談の違い」だ。海外のビジネスシーンにおける「雑談」とは、単なるおしゃべりではなく、明確な意図を持って行われるコミュニケーションであるという。あくまでビジネスの目的を達成する手段であり、雑談のために「下準備」もする。

２つ目は「社内の雑談」であり、著者がかつて在籍したグーグルの事例が挙げられている。グーグルでは、社員同士の雑談を促しているという。それは、雑談を「行動や意識を変化させるような創造的なコミュニケーション」と捉えており、雑談によって生産性が上がると考えているためだ。グーグルのようなトップ企業の取り組みを知ることは、生産性を上げるヒントになるだろう。

３つ目は「社外の雑談」である。商談における雑談のポイントが詳しく書かれていて、雑談のはじめに相手やビジネスの状況を確認することの大切さにもふれられている。相手との距離を縮めて信用を作る、最新の情報を相互に認識するなど、「目的に応じた雑談」に関する情報も、日本ではなかなか知り得ないものである。「雑談が苦手」というビジネスパーソンにこそ、読んでほしい一冊だ。

一読のすすめ

本書は、著者の多様な経験にもとづいて書かれており、非常に具体的でわかりやすい内容となっている。また、社内の雑談・社外の雑談の両方にページが割かれており、営業などの外向きの仕事をしている人にも、総務や広報など社内での仕事がメインの人にも参考になる。加えて、最終章では雑談における注意点も詳しく書かれている。雑談において「何を聞いてよくて、何を聞いたらいけないか」は悩むところだが、その指標が示されているのは、非常にありがたい。

さらに深掘りしたい方はこちら

第2章

習慣

人格を磨くためのヒント

『完訳 7つの習慣 人格主義の回復』（キングベアー出版）

スティーブン・R・コヴィー（フランクリン・コヴィー・ジャパン訳）
組織コンサルタント

要点1

成功を目指すならば、成功を支える土台となる、人格をまず構築することが何よりも重要である。「7つの習慣」は人格を磨くための原則をかたちにしたものである。

要点2

自立を果たし、成長することの先に「私的成功」がある。また、自立した個人が、健全に相互依存し、個で得られる以上のものを得ることの先に「公的成功」がある。

要点3

この本は、一度目を通したら本棚にしまい込んでおくようなものではない。自身の変化と成長にともない、折にふれて読み返し、参考にしてほしい。

おすすめポイント

全世界で4000万部以上を売り上げている間違いのないベストセラーであり、生き方を導くだけでなく、ビジネスの成功にもつながる人生哲学として、日本でも数多くのビジネスリーダーに愛されてきた一冊だ。

著者が大事にするのは「人格主義」である。表面的な社交性などに手をつける前に、謙虚・誠実・勇気・勤勉・節制などにより内面を鍛え上げることで、長期的な成功に近づける。その土台づくりとして本書は、「私的成功」（自立する）、「公的成功」（他者と力を合わせて相互依存の関係を効果的に築く）、「再新再生」（自分自身の刃を研ぎ、他の習慣をさらに成長させる）という3ステップの習慣を、7つに分けて紹介している。

7つの習慣とは、

「主体的である」
「終わりを思い描くことから始める」
「最優先事項を優先する」
「Win-Winを考える」

「まず理解に徹し、そして理解される」

「シナジーを創り出す」

「刃を研ぐ」

を指す。

それぞれの習慣がどのような意味をもつのかを知り、段階を踏みながら日々心がけていくことで、必ずや人生的な成功に近づけるだろう。

一読のすすめ

本書は、スティーブン・R・コヴィー博士が亡くなったあと、より原著に忠実に、その「人格主義」が伝わるよう完訳版として2013年に刊行された。いまなおその言葉は決して古びることはない。まずは自分を律する。そして周囲の人と協力的な関係を築いていく。そのために、肉体的、精神的、知的、社会・情緒的な自らの価値を高める。メッセージは極めてシンプルだ。

「習慣」というだけあって、実践することに意味がある。「体に良いものを食べる」「音楽に没入する」「優れた文学を読む」といった身近なことから始め、内面の充実に役立てていきたい。

さらに深掘りしたい方はこちら

環境を整えて「行動する人」になる

『「すぐやる人」と「やれない人」の習慣』

（明日香出版社）

塚本亮

ジーエルアカデミア
株式会社
代表取締役

要点1

「すぐやる人」は自分をラクに動かす方法を知っている。自分を無理に動かそうとするのではなく、自然と行動できるような習慣を身につけよう。

要点2

「やりたい！」と思った瞬間がモチベーションのピークだ。モチベーションの鮮度を保つためには、まず小さく行動してみるのが効果的だ。

要点3

アポをとるには、相手に日程の候補を三択で提示するとよい。多すぎず少なすぎない選択肢を出すことで、相手のアクションを促せる。

おすすめポイント

「ついダラダラ過ごしてしまう」「失敗が怖くて行動できない」。そんな悩みを抱えている方におすすめしたいのが本書だ。

ケンブリッジ大学大学院で心理学を専攻し、帰国後は教育分野で大活躍する著者は、以前は劣等感いっぱいの「やれない人」であったという。しかし、「結果を出す人と結果が出せない人は、何が違うのか」を考えた末、あることに気がついた。

それは、成功している人は「行動が早い」ということである。最初の一歩をいかに早く踏み出すかが、鍵を握っているのだ。本書では、「ゴールから考える逆算思考と、現時点から歩いていく積み上げ思考を使い分ける」、時間をコントロールしている感覚を高めるために「自分とアポをとる」など、「すぐやる人」になるための50の習慣が紹介されている。

スタートダッシュには「環境」が大きく作用している。行動を起こすためには、自分の意志や感情だけではなく、環境＝仕組みが大事だという。仕組みによる行動がルーティン（習慣）となれば、あとは自然に「すぐやる人」になっていくだろう。

一読のすすめ

本書で紹介されている習慣は、いずれも簡単に取り入れられるものばかりなので、気になったものから意識してみるといいだろう。

本書のポイントの一つは、「やれない人はダメな人ではない」という気づきを与えてくれることではないだろうか。

「やれない自分」という烙印は、想像以上のダメージになる。「自分がダメなのではなく、環境を整えていなかっただけ」というメッセージは、「やれない人」にとって大きな希望になるはずだ。

小さな一歩をきっかけに、人生は大きく変わる。「やれない人」を自負する方は、まずは本書を手にとってほしい。そしてすぐにページを1枚めくってみよう。これでスタートダッシュは完了、もうあなたは「すぐやる人」である。

「すぐやる人」への道は決して険しいものではない。本書を読めば、それがおわかりいただけるだろう。「変わりたい」と思うすべての方にお読みいただきたい一冊である。

さらに深掘りしたい方はこちら

朝の「種まき」が未来をつくる

『「朝1時間」ですべてが変わるモーニングルーティン』（日本実業出版社）

池田千恵
株式会社朝6時
代表取締役社長

要点1
本書で紹介される「モーニングルーティン」とは、朝の1時間を使って、大事なことに集中するメソッドだ。前半30分で一日の仕事に優先順位をつけて、仕事の段取りをする。そして後半30分では、緊急ではないが重要な「種まき」タスクを見極めて、それを進めていく。

要点2
重要だが緊急でない「種まき」タスクになかなか着手できないなら、「種まき」タスクを一つひとつの「粒」に分解し、実行可能な状態にしてみるとよい。

要点3
朝の読書は、「種まき」に最適だ。集中しやすいうえ、本で得た知識をすぐに実践できる。

おすすめポイント

人生において「重要だが緊急でないこと」を実行するためにはどうすればいいのだろうか。その疑問に答えてくれるのが本書である。

本書で紹介されている朝1時間の行動習慣「モーニングルーティン」を実践するだけで、人生の「種まき」とも呼べる「重要だが緊急でないこと」を着実に実行できるようになる。

本書は、26年間にわたって早起き生活を続け、朝専用手帳をプロデュースするなどして活躍してきた著者が、朝1時間の「モーニングルーティン」を伝授してくれる一冊だ。

まず前半30分で一日の仕事に優先順位をつけて、段取りをする。優先順位づけでは、4色ボールペンで

「緊急でない×重要」

「緊急×重要」

「緊急×重要でない」

「緊急でない×重要でない」

に色分けするのがポイントだ。

そして後半30分では、緊急ではないが重要な「種まき」タスクを見極めて、それを進めていく。ここでの「種まき」とは、自分が「こうなりたい！」と願う未来を実現するための行動である。

無理な早起きをする必要はない。毎日たった1時間の習慣を変えるだけで、自分が理想とする人生を実現できるのだという。

「やるべきことが多すぎて時間が足りない」「自分の将来像が描けない」とお悩みの方も、「モーニングルーティン」を実践することで、キャリアアップに向けた人生の「種まき」を進めることができる。老若男女、学生であれ社会人であれ、人生を大きく変えてくれる一冊になるはずだ。

一読のすすめ

本書では、自分がどういう人生を送りたいのか、どんな状態を幸せと感じるかといった「志向」にも言及されている。「志向」は、「ワーク＆ワーク志向」「ワーク＆プライベート志向」「ワーク＆セカンドジョブ志向」「ワーク＆インベスト志向」の４種類で、志向やライフステージに合わせてタスクに優先順位をつけていくことが重要だという。

「朝１時間」のモーニングルーティンを実践するにあたって、そっと背中を押してくれるはずだ。

さらに深掘りしたい方はこちら

どうしたら相手がその気になるか

『人を動かす　改訂新装版』

（創元社）

デール・カーネギー
（山口博訳）
著述家

要点1

叱責や脅しでは人を動かすことはできない。相手に行動してもらいたければ「どうしたら相手がその気になるか」を自分に問うことだ。

要点2

人々は認められ、尊重されることを常に求めている。相手の話に耳を傾け、心からの関心を示せば、良好な人間関係を築くことができる。

要点3

人を説得したいなら、議論をしたり誤りを指摘したりしてはいけない。代わりに、穏やかな対話を心がけ、相手が自ら気づきを得て、考えを改めるよう仕向けることこそ大切である。

おすすめポイント

本書は、１９３６年にアメリカで初版が発売されて以来、数度の改訂を経て今も多くの人々に愛され続けている自己啓発書の先駆けである。

著者のデール・カーネギー氏は、話し方や人間関係についての講座を開き、好評を博した。その講座の教材こそが本書の発端だ。カーネギー氏は、哲学書、心理学書、伝記などを大量にインプットし、著名人にもインタビューをするなどして、教材を絶えずブラッシュアップしていった。孔子の思想なども織り交ぜ、洋の東西を問わず、人間心理を深く探究した。そして36年、ついにカーネギー氏の教材と講座の内容がまとめられ、『人を動かす』が出版されるに至った。

こうした背景を持つ本書は、「人に好かれる六原則」「人を説得する十二原則」などから成り立っていて、普遍的な真理をついている。これらの原則は、職場や家族、友人などのあらゆる人間関係で活かせるものだ。相手の「イエス」を引き出しやすくなることは、自らの人格を高めるためのふるまいを身につけることにつながっていくように思える。

歴史的ベストセラーである本書を読み、人間の本質にふれてみてはいかがだろうか。

一読のすすめ

たとえ社会が変わっても、人と人との関係はほとんど不変である。いつの時代も、私たちはほめられればやる気が出るし、自分の抱える問題や悩みに共感してもらえれば気持ちが安らぐものだ。だからこそ本書で語られる人間関係の法則は、今日でも多くの人の心をとらえるのだろう。

さらに深掘りしたい方はこちら

知的生産のための必須スキル

『メモの魔力 The Magic of Memos』（幻冬舎）

前田裕二
SHOWROOM株式会社
代表取締役社長

要点1

メモには2種類ある。ファクト（事実）を記録するためのメモと「知的生産のためのメモ」だ。本書では、後者の重要性が強調される。

要点2

著者のメモ術の根幹は「抽象化」だ。抽象化によって、知覚した情報を知的生産につなげることができる。抽象化においては、「What型」「How型」「Why型」の3つの「問い」を活用しよう。特に「Why型」は重要だ。

要点3

メモによって自己分析を繰り返し、自分がやりたいことをはっきりさせよう。問いに対する自分の答えを「具体化」し「抽象化」すれば、自分の本質にたどり着くことができる。

おすすめポイント

「僕にとってメモは『生きること』である」――本書を開くと、この一文が目に飛び込んできた。さらにページをめくると、「メモによって夢は現実になる」「メモで自分を知る」などといった印象的なフレーズが続く。

著者はメモ魔で、映画や演劇を1作品観ると、多いときで100個以上のポイントをメモするという。そんな著者が、メモを取ることの意義や「知的生産」のためのメモの取り方、メモを通して自分の軸を見つける方法などを指南してくれるのが本書だ。

著者のメモ術のベースには「抽象化」がある。著者は「What型」「How型」「Why型」の3つの「問い」を活用している。特に重要なのが「Why型」の問いだ。これは例えば、別の企画に転用するため、ある映画がヒットした理由などを考えることである。「Why?」によって抽象化した内容は、転用可能性が高く、転用したときのインパクトも大きい。

本書からは、著者の、メモに対する溢れんばかりの情熱が感じられる。

たかがメモ、されどメモ。本書はメモに関する思い込みをひっくり返してくれる。ビジネスパーソンはもちろんのこと、学生にもぜひ手に取ってほしい一冊だ。

一読のすすめ

本書では、著者が情熱を傾ける「メモ」について、あらゆる角度から語られている。

「メモによって鍛えられる5つのスキル」や「4色ボールペンによる『色分け』で判断能力を上げる」などといった実践的な情報、「『言語化』で夢は現実になる」などといった心を奮い立たせてくれる言葉は、「知的生産のためのメモ」を習慣化したい人にとって非常に有益なものだろう。

また本書には、3つの仕掛けが施されている。

1つ目が、著者の手書きのメモが公開されていること。

2つ目が、自己分析に使える問いが1000問収録されていること。

3つ目が、著者がSNSで募集した、約1000人の「人生の軸」が掲載されていること。

これらを本文とあわせて熟読すれば、「メモの魔力」をより深く理解できるに違いない。

さらに深掘りしたい方はこちら

デキる社員の共通項は5つ

『AI分析でわかった　トップ5%社員の習慣』

（ディスカヴァー・トゥエンティワン）

越川慎司

株式会社クロスリバー
代表取締役社長

要点1

多くの社員は目の前の作業を終わらせることで満足感を得るが、トップの「5%社員」は作業の結果、成果が表れたときに満足感を得る。

要点2

「5%社員」は、意思決定を行う会議の最後ではアクションを決めなければならないと知っている。だから「○○をしよう」「○○をやってみよう」というレッツの言葉で会議を締める傾向にある。

要点3

「5%社員」は、多忙の中でも、2週間に1回、15分程度は自分自身を振り返る時間を持つ。

おすすめポイント

著者は、クライアント企業25社の協力のもと、５％のデキる社員と95％の一般社員、合計約1万８０００人の働き方をリサーチし、収集したデータをＡＩと専門家で分析した。その結果からあぶり出された、「５％社員」と「95％社員」の違いをまとめたのが本書だ。

「95％社員」は「仕事を片付けること」や「作業完了」に安心感や満足感を抱く。一方、「５％社員」は、成果に対して満足感を得る。課題に直面したとき、「95％社員」は急いで解決を図るが、「５％社員」は課題の真因を探る。完璧な準備をするのではなく、ある程度準備ができた段階でスタートし、進めながら修正する。成功しても失敗しても内省し、自身を振り返る――。

その行動や考えはシンプルで、自身を厳しく律するというより、自分の目的をいかに合理的に達成するかを考え抜いたもののように思われる。

ここで改めて、「５％社員」の五原則を列挙する。

（1）「目的」のことだけを考える

（2）「弱み」を見せる
（3）「挑戦」を「実験」と捉える
（4）「意識変革」はしない
（5）常にギャップから考える
この5つだ。

この中で「『意識変革』はしない」は補足が必要だろう。意識は簡単に変わらない。著者によれば、「意識を変えて行動するのではなく、行動を変えることによって意識が変わる」。「5％社員」はそのことを熟知しているから「意識変革」はしないのだ。

一読のすすめ

本書には他にも、「五原則」の詳細や、「5％社員」の思考と行動、発言、習慣、ルーティンが多数紹介されている。読み進めながら、自分ができていること、できていないことを一つひとつチェックし、自分の働き方を内省することができるだろう。働き方や評価されるポイントが変わる中、ヒントがほしい方は必読の一冊だ。

さらに深掘りしたい方はこちら

現状把握が豊かな「自分時間」を生み出す

『やめる時間術 24時間を自由に使えないすべての人へ』（実業之日本社）

尾石晴（ワーママはる）

Voicyパーソナリティ

要点1
時間がない人は、自分が使った時間を把握できていない。24時間が入っている「時間の財布」を持ち、何にどれだけ使ったかを明確にしよう。

要点2
私たちの時間は、睡眠・食事など生活に不可欠な「生活時間」、仕事・家事など社会的に拘束される「ルーチン時間」、自由に使える「自分時間」の3つに分けられる。時間がないと感じるのは、「自分時間」が足りていないときだ。

要点3
自分にとって優先度の低い時間を減らしていくと、満足のいく時間を増やすことができる。

要点4
「理想の24時間の過ごし方」を書き出してみよう。すると、理想に近づくための気づきが生まれる。

おすすめポイント

「時間がない」は現代人共通の悩みである。特に、子育てや介護など、仕事をしながら自分以外の人やコトに多くの時間を割かざるを得ない人は、目の回るような毎日を送っているに違いない。「やるべきこと」が多すぎて、「やりたいこと」を考えることすらできなくなっているという人もいるだろう。

本書の著者は、2人の子育てをワンオペで行う超多忙なワーキングマザーだ。育休後、仕事に復帰してからは「独身時代とはレベルが違う」ほど忙しく、時間に追われるような日々に突入した。数々の時短テクを試してみたがうまくいかず、泣く泣く使っている時間を「分解」していった結果、この「やめる時間術」にたどり着いたという。

お金を増やしたいなら収支を見直し、ダイエットなら食べたものを記録するだろう。しかし私たちは、予定を立てることはしても、実際に使った時間をチェックすることは少ない。だが、この「使った時間の現状把握」こそ、豊かな「自分時間」を生み出す第一歩だという。著者は、「時間の見える化」の方法を紹介している。

たとえば、24時間タイムログをつける、使った時間に成績をつけるなど、実践しやすく効果も大いに期待できる内容ばかりだ。

人生の持ち時間は有限であり、時間の使い方は「人生の過ごし方」にほかならない。本書を「自分らしい人生を送りたい、諦めたくない」と願う、すべての人に贈りたい。

一読のすすめ

本書では、豊かな自分時間を作るための「時間の足し算」についてもじっくり解説されている。また「専業主婦の妻の時間の使い方がよくないように見えます」「いつも延長する会議を時間通りに終わらせるいい方法はありますか?」などといったよくある悩みに著者が答えてくれている章もある。

年齢を重ねるにつれて、自分以外の「ままならない」事情は増えていく。結婚も出産も、働く会社も自分で選択したはずなのに、それらに振り回されて、幸せを感じられないという人もいるかもしれない。しかし、それらを選んだのも自分なら、自分の人生を選ぶのも自分である。本書に興味を持たれた方は「自分の人生を選びたい」人のはずだ。諦めず、本書を片手に、豊かな時間を獲得してほしい。

さらに深掘りしたい方はこちら

頭のいい人の習慣を取りいれる

『世界の「頭のいい人」がやっていることを1冊にまとめてみた』

（アスコム）

中野信子
脳科学者

要点1

「頭のいい人」の中には、あえて空気を読まず自分を貫く人も多くいる。自分の苦手分野の仕事まで抱え込もうとせず、得意な人の力をうまく借りて、お互いにプラスになるように導くのが上手だ。

要点2

仕事や勉強のスケジュールを立てるときには、目標達成までの制限時間を設けるのがよい。「やらないことリスト」をつくり、やるべきことに集中するのも効果的だ。

要点3

「集中力を身につける」という発想は捨て、集中できる環境を整えることを心がけよう。目や耳から入る情報を排除したり、「快適さ」に配慮したりするのがポイントだ。

おすすめポイント

世界で通用する「頭のいい人」とは、はたしてどんな人だろうか？　著者自身も相当に頭のいい人物だ。東京大学大学院で博士課程を修め、フランスの研究所に勤務した。高ＩＱ集団、ＭＥＮＳＡの元会員でもある。

本書ではそんな著者が脳科学者としての視点から、今まで出会った世界の「頭のいい人」たちについて、その人となりや心がけ、行動、習慣などを紹介している。どの人物もそれぞれの分野においてトップレベルの実績を上げており、そうした人たちがどのように考え、行動しているかがよくわかる一冊だ。

たとえば、

「空気を読まない」

「ニコニコしながら、アサーティブ（誠実で対等）に主張する」

「自分に適度なストレスをかける」

「やらないことリストをつくる」

「感情をふるわせて覚える」

など、興味深い心がけや習慣が余すことなく紹介されている。

脳の特性や自分の特性を活かすことで、行動へのハードルを下げたり、人間関係を良好なものにしたりすることができ、結果的に「頭のいい人」に近づいていくのだ。

自分を高めたいと思っている人は、ぜひ本書を手に取って、自分の個性を理解し、伸ばすためのヒントとしてほしい。

一読のすすめ

「頭のいい人」は、自分の力を過信せずに、常に貪欲に上をめざしている人たちなのだと本書を読むと分かる。欠点さえもプラスに転じさせることができるだけでなく、人間らしさも持ち合わせているから、周囲と良好な関係を築いているのだろう。

本書には、脳科学的に理にかなった31の習慣が紹介されている。皆を上手に褒められる、グチをまったく言わない、流れ星に願いごとが必ずできるなど、どれも興味をそそられる「習慣」である。
著者の周囲にいる「頭のいい人」の事例が多く紹介されており、楽しく読み進められるのもうれしいポイントだ。ぜひ本書を読んで、「頭のいい人」の習慣を知っていただければと思う。

さらに深掘りしたい方はこちら

「帰宅後に、新しい一日が始まる」

『人生をガラリと変える「帰宅後ルーティン」』

（文響社）

リュ・ハンビン
（小笠原藤子訳）
獣医師、時間管理アドバイザー

要点1

平日の帰宅後を、週末を待つことだけに使うのはもったいない。好きなことに時間を使い、昨日より少しでも成長しよう。

要点2

充実した一日を過ごしたいなら、人生の意味を見出す→目標を定めて計画を立てる→アクションプランナーを書く→とにかく始める、の4ステップが効果的だ。

要点3

帰宅後の時間を充実させるには、時間帯ごとの自分の集中度を把握したうえで、1週間分の「帰宅後ルーティン」を作り、その通りに行動するとよい。

おすすめポイント

本書の著者、リュ・ハンビン氏は、時間管理や副業に関する情報発信で人気を博している、韓国のインフルエンサーだ。本業は獣医師であり、かつては仕事から帰ると倒れ込むようにして眠っていたが、「帰宅後ルーティン」を生活にとり入れてからというもの、やりたいことをすべて実現できるようになったそうだ。「はじめに」には「帰宅後に、新しい一日が始まる」という副題がつけられており、「仕事が終わって帰宅した後の時間は、人生を2倍生きることができるチャンスだ」という名言も飛び出している。ここまで読むだけでもモチベーションが上がること間違いなしだ。

本書では、帰宅後ルーティンをとり入れるメリットや、具体的な実践方法、時間活用術、ルーティンが思うように進まないときの対処法などが紹介されている。帰宅後ルーティンを成功させるためのポイントは必読だ。「楽しんで行動できる方法を考える」の一例を紹介しよう。気が乗らないことに関しては、「習慣（ハビット）トラッカー」でルーティンを実践できた日のマスを塗りつぶし、成果を可視化して、やる気を出すというのだ。

さらには、帰宅後の時間をダラダラと過ごすのがいかにもったいないことかを語っているパートも印象的だ。平日の夜の時間は儚く過ぎ去っていくが、かといって、休日に思いを馳せて過ごしてしまってもいいほど短くはない。ごくわずかな時間でも、自分だけの「帰宅後ルーティン」を実践すれば、積もり積もって大きな成果になることだろう。

「自らの手でこの人生を変えていけるかもしれない」「平凡な日常が180度変わり、充実した毎日を過ごせるようになるかもしれない」と、大人の胸をときめかせてくれる一冊である。

一読のすすめ

本書の冒頭では、著者の「帰宅後ルーティン　ビフォー＆アフター」が紹介されている。起床時刻と就寝時刻はビフォーとアフターで同じだが、帰宅後の過ごし方の違いは一目瞭然だ。

他にも、帰宅後ルーティンのメリットをまとめた章や、ルーティンがうまくいかないときの立て直し方を指南してくれる章もある。また、章の結びにはさまざまなTIPSが紹介されていたり、特別付録として「帰宅後ルーティンのための4種のプランナー」のフォーマットが掲載されていたりと、まさに至れり尽くせりだ。つまらない日常から抜け出し、心ときめく未来に向けて走り出したい方に、一読をすすめたい。

さらに深掘りしたい方はこちら

「平凡な人」と「特別な人」を分けるもの

『「後回し」にしない技術
「すぐやる人」になる20の方法』

（文響社）

イ・ミンギュ
（吉川南訳）
心理学博士

要点1

99％の平凡な人たちと1％の特別な人たちを分けるものは、優れたアイデアを持てるかどうかではない。実行力の有無である。

要点2

目標達成には、成功への「ルート探索」と、障害物をいかに乗り越えるかという「プロセスの視覚化」が必要だ。

要点3

成功者は「終了デッドライン」だけでなく、いつから始めるかという「開始デッドライン」も同時に設定している。単純で楽な仕事へ逃げず、重要な仕事から手をつけるようにするためだ。

おすすめポイント

「家に帰ったらやろう」「ご飯を食べたらやろう」「少し休んだらやろう」「テレビを見終わったらやろう」……。このように心の中でつぶやいて、やるべきことを後回しにする悪癖。直したいと思っている人は少なくないのではないか。

本書は心理学博士でありカウンセラーの経験もある著者が、心理学的見地から問題を分析し、後回しにしないための解決策を提示するものだ。単に勉強や仕事をはかどらせるための小手先のテクニックではなく、一歩足を踏み出せないでいる人が行動に移し、人生を成功に導くための本質的な法則をまとめているのがポイントである。

早起きできない、勉強に身が入らない、重要な仕事の前に雑用をしてしまう……これらの事象を近視眼的に見れば、やるべきことを後回しにしただけの、取るに足らないことのように思える。

ところが大局的に見ると、そこには目標が達成できない根本的な原因が存在する。物事を後回しにしてしまう人とそうでない人の違いは、人間の特性をよく理解しているかどうか、そしてそれを利用できているかどうかで決まるのだ。

本書では、実行力を発揮するプロセスを「決心」「実行」「維持」の3つのフェーズに分けて、具体的な処方箋が紹介される。

たとえば、「明日やろう」という病に対しては、決心をただちに行動に移すようにする、〝先延ばしの神〟にあらがうためには、開始デッドラインと終了デッドラインという「ふたつの締め切り」を活用する、といった内容だ。目を引かれたものから実践して、人生の目標達成に活かしていただきたい。

一読のすすめ

本書がほかの自己啓発本と一線を画すのは、単なる精神論にとどまらず心理学的な見地から人間理解を深め、合理的に実践できる解決策を紹介している点にある。

いつも〝先延ばしの神〟の誘惑に負けてしまう人は、それを小事と見過ごさず、自分の人生を見直すきっかけとして捉えていただければ幸いである。

さらに深掘りしたい方はこちら

好きなことをハシゴしまくれ

『多動力』

（幻冬舎）

堀江貴文
実業家

要点1
今後は業界の壁を軽やかに飛び越える「越境者」が求められる。越境者に必要なのは、次から次に好きなことをハシゴしまくる「多動力」である。

要点2
多動力を発揮するには、何か一つのことにサルのようにハマり、飽きたらすぐに次に移るとよい。

要点3
「原液」のように濃厚なコンテンツを生み出すことで、それに熱狂した自分の分身が勝手に仕事をしてくれるようになる。

要点4
人生に目的はいらない。ワクワクすることにハマれば結果はあとからついてくる。

おすすめポイント

現在、ＡＩなどのテクノロジーの進展により、あらゆる産業のタテの壁が溶けて消失しつつある。そんな時代に求められるのは、各業界の垣根を軽やかに越えていく「越境者」だ。越境者には、次から次に好きなことをハシゴしまくる「多動力」が欠かせないと著者はいう。

著者の堀江氏は、石の上にも三年、完璧主義といった価値観をぶった斬り、１８０度の転換を図っていく。これからの時代で大切なのは、「自分の時間」を生きることだ。仕事を効率よく進める工夫をし、原液のように濃厚なコンテンツをつくっておけば、マスメディアやネットが自分の分身となって、伝えたいことを世の中に発信してくれる。

他にも、

「経費精算を自分でやるサラリーマンは出世しない」

「99％の会議はいらない」

「１晩10軒以上をハシゴしろ」

といった、多動力を発揮するための行動指針や秘訣が満載である。

これからの時代において、いかに多動力が必須な能力なのかがありありとわかるだろう。まさに、堀江氏がこれまで発信してきたカルピスの「原液」の濃縮版といえる一冊だ。

一読のすすめ

本書の内容を「いやいや、堀江さんだからできるんでしょう?」と一蹴するのは早計だ。紹介されている考え方は、とかく制約の多い会社員でも明日から実践できるものばかりである。

「一つのことを極めるべき」

「苦しいことを我慢して行うのが美学」

本書を読み、こうした縛りから解放されれば、より多くの人が才能を開花させ、生きやすくなるにちがいない。

さらに深掘りしたい方はこちら

遊び方を極めて幸せになる

『精神科医が教える毎日を楽しめる人の考え方』（きずな出版）

樺沢紫苑
精神科医

要点1

本書における「遊び」の定義は「仕事以外の楽しい活動」だ。楽しみを先送りにせず、「遊び」の時間を有意義に過ごそう。

要点2

楽しめる人は成功しやすい。楽しいとドーパミンが分泌され、モチベーションが湧いてくるだけでなく、集中力や記憶力も高まるからだ。

要点3

忙しくても、遊ぶための時間をつくり出そう。スキマ時間を活用したり、忙しいときほどあえて遊びの予定を入れて、自分を追い詰めたりするのが効果的だ。

おすすめポイント

私たちはもっと人生を楽しむべきではないか。いま我慢を続ければいつか幸せになれるのか――。

そんな疑問を投げかけてくれる本書は、『学びを結果に変える　アウトプット大全』（１４２ページ）などで知られる樺沢紫苑氏が「遊び」について語った一冊だ。

樺沢氏によると、「仕事」と「遊び」に対する価値観は、日本人と欧米人で大きく違うそうだ。キリスト教徒にとって仕事は「罰」である一方、日本では、「仕事は尊いもので、遊びは暇つぶし程度のもの」と考える傾向にある。だから日本人は仕事と遊びのバランスが悪いのだという。

本書には、「良い遊び方」のコツや、「遊び」をもっと有意義なものにするためのヒントが満載だ。興味深いのは、「良い遊び方」の４つの条件だ。この条件とは、

「楽しいこと」

「リラックス」

「ストレス発散とリフレッシュ」

そして運動やアート、知らない人との交流などによる「脳の活性化」。

これらを念頭に置くと、より「遊び方」を極められるだろう。

樺沢氏自身が「遊び」として没頭してきた映画や読書、ウイスキーなどについてもページが割かれており、読んでいてワクワクすることだろう。

一読のすすめ

本書には、「遊び」のメリットや極意が盛り沢山だ。「もっと遊びたい」「遊ばなければ」と思わせてくれる情報がたくさん詰まっている。

あなたは最近、「良い遊び方」をしただろうか。仕事や家事・育児に追われている方、メンタルに不調を感じている方、もっと楽しい人生を送りたい方、そして「成功したい」と考えている方に、ぜひ手に取ってほしい一冊である。

さらに深掘りしたい方はこちら

好印象は習慣と自己肯定感が生み出す

『なぜか好かれる人がやっている100の習慣』

（明日香出版社）

藤本梨恵子
ファイン・メンタルカラー研究所代表

要点1
視線や仕草、座る位置などは、知らず知らずのうちに相手に与える印象に強く影響する。そうした行動に意識的になることで信頼関係が築ける。

要点2
人の能力は心の状態に左右される。したがって、相手の可能性ややる気を引き出すためには、原因追求型ではなく解決型の質問を心がけ、相手の気分を良い状態に保ったほうがいい。

要点3
自分の感情を押し殺さず、ありのままに認めよう。感情を抑えようとすると、モヤモヤしたり、相手から好かれにくくなったりする。

おすすめポイント

本書を開くとまず目に入るのが、「すべての悩みは対人関係の悩みである」という、心理学者アルフレッド・アドラーの言葉だ。まったくその通りで、仕事の悩みも、恋愛がうまくいかないことも、ＳＮＳの「いいね！」疲れも、すべては対人関係に起因していると言えるだろう。

本書は、心理学やカウンセリングを学び、キャリアカウンセラーとして講演も行う著者による、良好な人間関係を築くための指南書だ。たとえば、視線や仕草、座る位置などに意識的になることで相手に好印象を与える方法には、ハッとさせられる。また、高いパフォーマンスを発揮するには、心の状態がよいことが重要であるというメッセージも心に刻みたい内容だ。

過酷な労働環境での激務による疲労とストレスによって前歯が欠けた（！）という壮絶な過去を持つ著者の言葉には説得力がある。

印象的なのは、「自己肯定感が高くなければ、真に人を慈しむことはできない」という言葉だ。

言われてみれば当たり前のようだが、なかなか気づきにくいことではないだろうか。自己肯定感と幸福感を高めることで、最高のパフォーマンスを発揮し、周りからも好かれる人間になる。これは、何かと他者と自分を比べて、自己肯定感が低くなりがちな現代人にこそ必要な視点だろう。

一読のすすめ

本書で紹介される「好かれる人の習慣」は、よく読むと「相手を思いやりながら円滑に意思疎通をするスキル」や「自分の感情をコントロールするスキル」であることがわかる。

つまり、誰からも好かれる人というのは、コミュニケーションが上手で、常に心が穏やかな人だ。言葉で言うのはたやすいが、これをいざ実践しようとすると難しい。

本書では、「見た目・仕草編」「話し方編」「人づき合い編」「行動編」「ポジティブ思考編」「仕事・営業編」「ストレスフリー編」の7章にわたって、「なぜか好かれる人」の習慣が示される。何度も読み直し、実践することで、その内容が自分のものになっていくだろう。

さらに深掘りしたい方はこちら

自分と周りの気分を上げる

『いつも機嫌がいい人の小さな習慣』

仕事も人間関係もうまくいく88のヒント

（毎日新聞出版）

有川真由美
作家

要点1
挨拶は〝気持ち〟を伝える行為である。笑顔で相手に体ごと向け、目を見て挨拶をしよう。

要点2
「お金がない」と言ってはいけない。「自分は『お金がない』に値する人」と、自分自身にインプットすることになる。

要点3
尊敬できる人とつきあうと、人生はゆたかなものになる。つきあう人を選べない環境ならば、相手の優れている点をひとつでも見つけよう。相手に尊敬の念を持つことで、よりよい人間関係に発展するだろう。

要点4
「10年後の最高の自分」をリアルに妄想することで、理想の未来を築くことができる。

おすすめポイント

本書によれば、「いつも機嫌がいい人」とは、心を明るくしようとする習慣のある人だそうで、誰もが機嫌のいい人になれる〝88の小さな習慣〟が紹介されている。

著者は、働く女性へのアドバイスに定評があるベストセラー作家・有川真由美氏だ。本書は2019年の刊行から幾度も版を重ねている人気書籍であり、多くの人から支持を得ている。

本書で紹介される習慣は、自分ひとりで完結するものもあれば、周囲へのさりげない気配りも多い。

前者は、朝のベッドメイキングや、「これでいいのだ！」とつぶやく、「10年後の最高の自分」を妄想する、といった内容だ。

後者は、「挨拶するときは相手に体ごと向ける」「相手が断りやすいように頼む」「感情的な行動をとらない」といったことである。

このような行動を重ねていけば、自分だけではなく周りの人たちの気分も上がることは、容易に想像できる。機嫌がいい人は、自分だけでなく周囲の機嫌にも心を配り、人生にポジティブな流れを生み出しているようだ。

考え方と行動をほんの少し変えるだけで、毎日を機嫌よく過ごすことができる。本書からは、人生を楽しくゆたかにするヒントが得られるだろう。

一読のすすめ

「機嫌のいい人＝幸せいっぱいな人」ではなく、日々小さな習慣を積み重ねている人であることは、おわかりいただけたと思う。些細な行動や考え方に目を向け、大切にする。大きな幸せは小さな幸せの積み重ねであるという気づきを、本書は与えてくれる。

「人生を上向きにする小さな習慣」に興味を持たれた方は、その他の習慣についても本書で確認してほしい。

メニューは直感で選ぶ、とりあえずやってみる、財布の中を整理しておく、6〜7割できたら上出来とする、生活の優先事項を3つ以内に絞るなど、今すぐ始められて、無理なく続けられそうな習慣が多数紹介されている。1つの見開きページに1つの習慣が掲載されているので、気になるところから本を開いて読み進めるのもおすすめだ。

さらに深掘りしたい方はこちら

相手の力を利用する

『頭に来てもアホとは戦うな！

人間関係を思い通りにし、最高のパフォーマンスを実現する方法』

（朝日新聞出版）

田村耕太郎

シンガポール国立大学
リー・クアンユー公共政策
大学院兼任教授

要点1

本書で想定するアホとは、あなたがわざわざ戦ったり、悩んだりする価値のない人物である。つっかかってくる相手は深層心理ではあなたのことが好きな可能性もあるので要注意だ。

要点2

次のような方はアホと戦う可能性があるため、あらかじめ対処策を考えておくべきだ。正義感が強い、自信にあふれる、責任感が強い、プライドが高い、おせっかい。

要点3

「死ぬ瞬間の後悔」のトップは「他人の期待に応えようとするばかりの人生ではなく、自分が真に生きたいと思う人生を生きる勇気を持っていたかった」ということである。それゆえ、自分主体で信念を持って生きることをおすすめする。

おすすめポイント

出世や給与アップを目的に、自分だけが際立った成果を上げられるよう、周りのライバルの評価も含めて操作しようとする困った人はどこにでもいるものだ。

ではそのようなアホと対峙することになったらどう振る舞うべきなのだろうか。著者によれば、決して戦ってはならず、まるで合気道のように、相手の力を利用して上手く事を運ぶ方策を考えるべきである。

そのためには、一時的な怒りに身を任せることなく、一呼吸置いて対処策を立案し、相手をリスペクトしながらじっくりと対処しなくてはならない。どんな強者でも味方にする「人たらし」の技術は大いに役に立つだろう。その根幹には「相手の欲しがるものを理解せよ」という原則がある。相手の立場に立って、先に相手が欲するものを与えることで、アホに上手く対応できるようになる。また、「困っていなくても困った顔をせよ」といった、本質をついた戦術には、膝を打たずにはいられない。

内向き思考が支配的になりうる組織は、売上成長が止まった大企業、ビジネスモデルが盤石で将来の不安が小さい銀行のような組織、官庁や弁護士などの専門組織、と世の中に数多く存在している。こうした組織で運悪くアホと遭遇してしまった方は、本書を読んで冷静に対処策を練ってみてはいかがだろうか。

一読のすすめ

本書には「権力と評価の密接な関係」や「アホとではなく自分と戦え！」など、魅力的な章があり、組織に生きる人の悩みを代弁してくれている。要約で興味を持たれた方は、是非本書を手に取って、ご一読いただければと願う。

さらに深掘りしたい方はこちら

第3章 仕事・勉強術

アウトプットこそ自己成長のカギ

『学びを結果に変えるアウトプット大全』

（サンクチュアリ出版）

樺沢紫苑
精神科医

要点1
読書などでいくらインプットしても、アウトプットしなければ記憶として定着することはない。「自己成長」はアウトプットの量にこそ比例する。

要点2
アウトプットが苦手な人は、まずは「話す」ことから始めよう。読んだこと、聞いたこと、自分が体験したことについて第三者に話してみよう。

要点3
「話す」ことに比べて「書く」ことのほうが、圧倒的に記憶に残り自己成長を促す。書くことで脳に信号を送り、集中力を高め、積極的に情報を収集することができるようになる。

要点4
インプットの「読む」と「聞く」、アウトプットの「話す」と「書く」に加え、「行動する」も重要だ。

おすすめポイント

本書は、アウトプットに特化した、〝アウトプットの決定版〟とも言うべき一冊である。

著者の樺沢紫苑氏は、精神科医でありながら作家でもある。10年連続で年2冊以上の本を書き、メルマガを13年間毎日発行し、動画を1500本以上アップするという、驚異的なペースで情報発信している人物だ。本書は、そんな著者が80の視点からアウトプットのノウハウを解説した、いわば「アウトプットの百科事典」である。

インプットは情報を「入れる」こと、アウトプットは入れた情報を「出す」ことを指す。本書によると、「読む」「聞く」がインプットに、「話す」「書く」「行動する」がアウトプットにあたる。

さて、あなたのインプットとアウトプットの比率はどれくらいだろう。ある調査によると7対3が平均だそうだが、著者は、インプットとアウトプットの〝黄金比〟は3対7だと指摘する。そしてアウトプットなしに自己成長はありえないというのだ。

アウトプット力を高めるために、本書では7つのトレーニング法を紹介している。

なかでも著者が初心者にすすめるのは「日記を書く」こと。ポジティブな出来事を記すようにすると、書く能力が高まるだけでなく幸福度や満足度も増すそうなので、ぜひトライしてみたい。

一読のすすめ

本書には、著者が精神科医という立場から指南する、アウトプットのノウハウが満載だ。

「効果的なフィードバックの4つの方法」「15人と濃い関係をつくる」「笑顔の8つの効果」など、非常に興味深い内容がまとまっている。各項は見開き完結型で、スキマ時間に気軽に目を通すことができるはずだ。しかも図解入りで、読書が苦手な人も直感的に理解しやすい。読んだその日から実践できる、チャレンジのハードルを下げたノウハウが紹介されている点もポイントだ。

アウトプットの質と量をアップさせ、自己成長へつなげるための必読の書といえるだろう。

さらに深掘りしたい方はこちら

「最速」が成果につながる

『トヨタの会議は30分

GAFAMやBATHにも負けない最速・骨太のビジネスコミュニケーション術』

（すばる舎）

山本大平
F6 Design株式会社
代表取締役

要点1

トヨタの会議は30分が基本。30分会議を励行することで、年間2カ月分の勤務時間を捻出できる。

要点2

会議中にメモを取ることをやめ、話を集中して聞くようにすると、相手を見て非言語の情報も取り入れることができる。その方がスムーズな意思疎通が可能になる。

要点3

1分で上司から承認をもらえる資料をつくるには「何の話か」「上司にどんな回答や判断が求められているか」「結論」「論拠」「補足」を順番に書くことが大切。

要点4

失礼すぎる相手に対しては30分怒りを寝かせてみる。相手にする必要がないと少しでも思えば、最低限の対応だけして無視してしまう。

おすすめポイント

「会議に出ても反対意見を言える雰囲気ではない」「事なかれ主義が一番だ」と感じてしまうことはないだろうか。何をするにも根回しが必要、人間関係優先で仕事が回っていて、コミュニケーションスピードが遅いということは、よく聞く非効率な会議の典型である。

世界を代表する企業のトヨタ自動車では、このような遅いコミュニケーションは存在しない。直接的に意見を出し合い、議論を重ね、素早い意思決定を行っていく。

本書のタイトルである「会議は30分」というのは最速・骨太のコミュニケーションを表したものである。そのコミュニケーションスピードはＧＡＦＡＭやＢＡＴＨなどＩＴの巨人たちにも負けないという。

本書はトヨタ、ＴＢＳテレビ、アクセンチュアで経験を積み、マーケティング総合支援会社を創業した著者が、世界企業に負けない最速で骨太のコミュニケーション術を解説した一冊である。著者がトヨタで身につけた仕事術は、異業種に転職した際も有効だったとして、その実用性が滔々と説かれている。

一読のすすめ

著者は、社会人になって5年以内の若手にこそ本書を読んでほしいと強調する。会議を進行するコツ、資料作成のポイント、理不尽な相手に対応する方法など、すぐに役立つノウハウが満載で、自身を確実にレベルアップさせてくれるだろう。仕事上の失敗やフラストレーションに関する著者の実体験には、共感できるエピソードも多い。ぜひ、最速のコミュニケーション術を身につけ、仕事の成果を上げていただきたい。

さらに深掘りしたい方はこちら

良いチーム・組織の根幹

『心理的安全性のつくりかた 「心理的柔軟性」が困難を乗り越えるチームに変える』（日本能率協会マネジメントセンター）

石井遼介
株式会社ZENTech
代表取締役

要点1

チームの心理的安全性とは、一言でいうと「メンバー同士が健全に意見を戦わせ、生産的でよい仕事をすることに力を注げる」ことである。

要点2

心理的安全な職場とは、メンバー同士が和気あいあいとしているだけの「ヌルい職場」ではない。高い基準の目標を達成するため、健全な衝突が起こる職場のことだ。

要点3

日本の組織では、「話しやすさ・助け合い・挑戦・新奇歓迎」という4つの因子があるとき、心理的安全性が感じられるということが、著者の研究で確認されている。

おすすめポイント

「心理的安全性」とは、組織やチーム全体の成果に向けて、率直な意見や素朴な疑問、そして違和感の指摘がいつでも、誰でも気兼ねなく言えることだ。

この考え方の重要性を見出したのは、グーグルである。同社が4年の歳月をかけて「効果的なチームはどのようなチームか」を調査・分析した結果、「誰がチームのメンバーであるか」よりも「チームがどのように協力しているか」のほうが真に重要だということがわかった。さらに圧倒的に重要なのが心理的安全性であり、心理的安全なチームは離職率が低く、収益性が高いとも結論づけられている。

もちろん心理的安全性の重要さは、グーグルだけが発見したわけではない。組織行動の研究者たちも、さまざまな成果を学会に発表しており、「業績向上に寄与する」「イノベーションやプロセス改善が起きやすくなる」「意思決定の質が上がる」といったビジネスの現場における有用性が次々と報告されている。

たとえば行動分析のフレームワークにおいて、人間がどのようにルールに従うかは、「みかえり」の感じ方で変化するという。行動ではなく「ルールを守ること」が称賛される環境では、人の顔色をうかがいがちになり、心理的「非」安全なモードに陥りやすい。一方で、仕事自体の重要性を評価する言葉を投げかけると、仕事を楽しめる「みかえり」の力が強まるのだ。

本書は単なるノウハウ集ではなく、理論に基づいて体系的に、実践に向けた指針が示されており、多くのビジネスパーソンにとって、これからの働きかたの実現に向けた必携の書となるだろう。

一読のすすめ

日本企業には「タテの関係」を意識する文化があり、部下は上司の指示に従い、指示されていないことでも意向に反したことをしないように気を配らなければならないことが多い。このような文化では、「健全な衝突」が起きることは難しいといえよう。

そんななか、本書は心理的安全性を「話しやすさ・助け合い・挑戦・新奇歓迎」という言葉で表し、日本の企業にフィットするように解釈しているだけでなく、それぞれの因子を実現するための考え方と方法論を紹介している点で実用性が高い。通読すれば多くのビジネスパーソンは、ここに記された心理的安全性を高める方策のいくつかを、明日からでも自分の所属するチームで試してみたいと考えるだろう。この「挑戦してみたいと思わせる」点もまた本書の大きな魅力である。

さらに深掘りしたい方はこちら

仕事の質とスピードを上げる「型」

『マッキンゼーで叩き込まれた超速仕事術』

（三笠書房）

大嶋祥誉
センジュヒューマンデザインワークス有限会社代表取締役

要点1 人間が十分に覚醒して仕事に取り組めるのは、起床後12～13時間までだ。17時間を超えると「ほろ酔い状態」と同じくらいまで集中力が低下する。思考力が求められる仕事は、思考がクリアな時間帯に取り組むとよい。

要点2 発想の質とスピードを上げるには、既存のアイデアを掛け算するのが効果的だ。

要点3 プレゼンにおいて大切なのは、相手の同意やリアクションを引き出すことだ。プレゼンの冒頭で、仮説を「質問」という形で投げかけてみよう。

おすすめポイント

本書では、著者・大嶋祥誉氏がマッキンゼーで働く中で学んだ、仕事の質とスピードを上げるためのノウハウが紹介されている。「デキるビジネスパーソン」は、仕事のさまざまな場面で使える〝型〟をたくさん持っているのだと分かる。何事もゼロから発想するのではなく、〝型〟をもとに仕事にあたれば、効率的に処理できるのだ。

たとえば企画書。頭の中にある情報をイチからまとめようとすると時間がかかるし、重要なポイントが抜けたりするものだ。「５Ｗ２Ｈ」のフレームワークを用いて、特に「Ｗｈｙ（なぜこの企画を提案するのか）」「Ｗｈｏｍ（誰にとってメリットがあるのか）」を核にするよう心がければ、説得力のある企画書を時短で作成できる。

プレゼンでも同様だ。仕事が速い人は、プレゼンのストーリーにこだわる。「空・雨・傘」（現状確認・解釈・結論）や「ビフォーアフター」といったフレームワークを用いて、効果的に〝刺さる〟よう工夫している。

本書ではほかにも、仕事環境・ツール、アイデア発想、会議、行動習慣と、合計6つの章にわたって、デキるビジネスパーソンの仕事術が紹介されている。それぞれの仕事術の冒頭には、「仕事が速い人は朝型」「仕事が遅い人は夜型」というふうに、その項で紹介される仕事術がコンパクトにまとめられており、読み進めやすい仕立てとなっている。

本書で紹介されている〝型〟を習得し、忠実に実践すれば、生産性は間違いなく上がるはずだ。

一読のすすめ

本書の良さは、「おっ、この仕事術、取り入れてみよう」と、今日からすぐに実践に移せる点にある。

紹介されている仕事術の中には、あなたにとっては「当たり前」のものもあるかもしれない。

だが、その「当たり前」を身につけられている人は決して多くないだろう。自分の仕事法を点検しブラッシュアップする上で、間違いなく役に立つ本である。

さらに深掘りしたい方はこちら

メカニズムを知り効果的に学習

『最短の時間で最大の成果を手に入れる
超効率勉強法』

（Gakken）

メンタリストDaiGo
メンタリスト

要点1
真に効果が高い勉強法には、積極的に学ぶ「アクティブラーニング」という共通項がある。アクティブラーニング化の2大ポイントは、「想起（思い出すこと）」と「再言語化（自分の言葉に置き換えること）」だ。

要点2
「想起」を使いこなすためのテクニックは、「クイズ化（覚えたいことをクイズにする）」「分散学習（復習の間隔を少しずつ延ばす）」「チャンク化（情報を分類して意味のあるかたまりに再構成する）」の3つである。

要点3
「再言語化」を使いこなすためのテクニックは、「自己解説（学んだ内容の「原因」「メカニズム」について自問自答を繰り返す）」「ティーチング・テクニック（他人に説明する）」「イメージング（何らかのシーンを思い描く）」の3つだ。

要点4
学習の効果を高めたいのなら、「勉強前の準備」に時間をかける必要がある。

おすすめポイント

学習のメカニズムを理解すれば、誰でも短時間で大きな成果を出せる。数々の研究結果によって裏づけられた、「禁断の学習メソッド」を指南してくれるのが本書だ。

著者は、続々とベストセラーを生み出すメンタリストＤａｉＧｏ氏。学び方のプロである彼は、いったいどんな方法で膨大な知識・スキルを体得しているのか？　本書では、ＤａｉＧｏ氏のサクセスストーリーを支えた「人生を最大化する勉強法」も公開されている。登場するのは入学試験、資格試験、昇進試験などに役立つ、応用度の高い手法ばかり。「もっと早くに知っておけばよかった！」と叫びたくなるかもしれない。

まずは、超効率勉強法の基本となる「想起」と「再言語化」の2本柱をおさえよう。

想起とは「思い出すこと」だ。脳にうまく情報が刻まれるよう、「思い出す作業をどこかに組み込む」ようにする。

再言語化とは「自分の言葉に置き換えること」だ。自分にとってわかりやすく表現し直すことで、理解が促進される。そうした柱をおさえつつ本書のテクニックを実践することで、学習の理解度が上がっていく。気づけば、勉強そのものが楽しくなっているにちがいない。

科学的な勉強法は、万人に開かれた窓である。常に新しい知をとり込み、「成長モード」で人生を楽しみたいのなら、本書を読まない手はない。

一読のすすめ

本書には、記憶の残り方が変わる「『勉強後』5つのテクニック」、上級者向けの「勉強の効果をさらに高める7つの学習習慣」、「地頭を良くする科学的トレーニング」なども紹介されている。とりわけワーキングメモリの性能アップにつながる方法は興味深い。

また、人間の能力は後から変えられるという「成長マインドセット」の重要性が説かれている。

本書によると、成長マインドセットにまつわる事実を述べた動画、本、音声にふれるだけで、成績向上につながるという。こうした勇気づけられるインサイトに満ちた一冊だ。

本書から自分に合った勉強法を見つけて、実践していただきたい。勉強の効果が上がり、なりたい自分を実現するための最短経路を見つけられるはずだ。

さらに深掘りしたい方はこちら

部下の成長を加速させる

『できるリーダーは、「これ」しかやらない　メンバーが自ら動き出す「任せ方」のコツ』（PHP研究所）

伊庭正康
株式会社らしさラボ
代表取締役

要点1

働き方改革で業務時間の短縮が目指される中、多くのプレイングマネジャーたちは、十分なマネジメントの時間を取れずにいる。

要点2

業務に追われるリーダーが考えるべきは、「いかに速くやるか」ではなく、「いかに任せていくか」である。

要点3

部下のモチベーションを上げるためには、「部下の成長機会」を提供する必要がある。部下の成長機会を作るためには、「Will-Can-Must（どうありたいかという動因、本人の能力、従事している仕事の３つ）」という動機づけの法則に則るとよい。また、背伸びをすれば届くくらいの、明確な目標を立てることも重要である。

おすすめポイント

多忙を極めるリーダーの中には、マネジメントの時間が取れないという悩みを抱いている方も多いのではないだろうか。だが実はその悩みは、頑張るポイントを変えるだけで解決する。部下に仕事を任せればいいのだ。

といっても、ただ仕事を任せればいいというものではない。それでは放任になってしまうし、部下は成長せず、不満を募らせるばかりだ。著者によると、「部下やメンバーが、挑戦を楽しんでおり、仕事を通じて成長を感じている状態」、つまり「ワクワク」している状態でなければ、リーダーの悩みは解決できないのだという。

本書には、多忙なリーダーの悩みを解決する方法が、実例を交えながらまとめられている。

その内容は、リーダーとしての振る舞い方、部下のやる気を引き出す方法、部下を導くための「やる気の方程式」やＳＭＡＲＴの法則、戦えるチームを作るための設計図や仕組みの作り方など、多岐にわたる。いずれも、現代のリーダーが押さえておくべきものばかりだ。たとえば、目標設定の目安となるＳＭＡＲＴの法則とは、達成・未達成が明確で、進捗を数字で測定でき、役割と権限がはっきりしていて、現実的かつ達成期限が明らかになっていれば、目標は効果的になる、という考え方である。これを念頭に7割くらい達成できそうな目標を立てれば、部下の成長を加速させられるという。

ほめ方に関しても、部下のモチベーションを上げたいなら、実績や結果ではなく、能力や内面をほめることをすすめている。

本書を読めば、自分のリーダーとしてのあり方を見直したくなるはずだ。うまくいっている時でも、あえて立ち止まり、本書を手に取ってみていただきたい。

一読のすすめ

働き方改革が行われる中で、リーダーの役割が変化しつつある。本書には、そんな時代に役立つ「任せ方」が詰め込まれている。

本書では、7章60項目に分けて、リーダーが実践すべき「任せ方」が指南される。どの項目にも、部下との会話例や著者が見聞きした事例が掲載されており、多忙なリーダーが読んでもパッとイメージがつかめるだろう。

リーダーとして悩みを持っている方はもちろんのこと、自分のマネジメントに自信がある方にもぜひ読んでいただきたい。きっと新たな発見があるはずだ。

さらに深掘りしたい方はこちら

思考の整理から意思伝達まで

『説明0秒！ 一発OK！ 驚異の「紙1枚！」プレゼン』（日本実業出版社）

浅田すぐる

「1枚」ワークス株式会社 代表取締役

要点1

「デジタル完結」が進む現代において、「考え抜く」機会は減少している。一方で、考え抜く習慣がないままビジネスチャットやテレワークを行っても、生産性は向上しない。働き方改革には、「考え抜く力」が不可欠だ。

要点2

「考え抜く力」を養うには、「紙1枚」による思考整理法が有効である。この思考整理法は「情報を整理する」「考えをまとめる」という2つのプロセスを繰り返すものだ。

要点3

プレゼンにおいて最も望ましい形は、「サイレンス・イズ・ゴール」、すなわち何も話さなくてもいい状態だ。話すよりも「紙1枚」を見せて伝えるプレゼンを目指せば、「説明0秒」も実現できる。

おすすめポイント

昨今のビジネスシーンでは、デジタルベースでのコミュニケーションが著しく増えている。本来なら隣に座っているはずの同僚とのやりとりでさえ、ほとんどが画面上に移行している。そんな中、口頭なら伝わるはずなのにメールやビジネスチャットでは伝わりにくい、時間がかかるようになった、という問題も発生していることだろう。

こうした課題に、「紙1枚」で切り込むのが本書である。「紙1枚」と銘打ってはいるが、最終的に目指すところは「あらゆる内容を、できるだけしゃべらずに伝える」ことである。著者が推奨する思考整理法は、1回たったの3分ほどでできる。

たとえば、賛否両論あるテーマについて意見をまとめようと思ったら、1枚の紙に4×4のフレームを作成して、賛成派を左、反対派を右というように「情報を整理する」。そこから重要と感じるそれぞれの意見を3つずつ選んで「考えをまとめる」、といった流れだ。

こうした思考の整理によって「考え抜く力」を得られれば、対面でのプレゼンだけではなく、報告書や企画書、メールやビジネスチャットなど、あらゆる場面で「どう伝えるか」を迷うことがなくなる。

職場のコミュニケーションを円滑に、短い時間で行えるだけではなく、最終的には、説明しなくても伝わる信頼感を獲得できるかもしれない。

一読のすすめ

研修やセミナーを得意とする著者だけあって、最初から最後まで一貫して一つの研修を受けているような、やさしく読みやすい文体で書かれている。そのうえ、紹介される手法はどれも短時間ででき、覚えやすい。本書は、プレゼンが苦手な方はもちろん、これからの時代を生きるビジネスパーソンにとって必携の書となるだろう。

さらに深掘りしたい方はこちら

観察して分かった「できる人」のノウハウ

『仕事ができる人が見えないところで必ずしていること』

（日本実業出版社）

安達裕哉
ワークワンダース株式会社
代表取締役CEO

要点1

会議などの場では最初に案を出そう。勇気がいるが、そのぶん高く評価される。

要点2

こちらの意見が正しいはずなのに理解してもらえないときには、相手の気持ちになって、自分の意見に自ら反論してみよう。そうすれば、相手の本音が見えてくるため、それを踏まえて次の意見を出せばいい。

要点3

あなたが出世するためのただひとつの方法は、上司を助けて成果をあげさせ、出世させることだ。

おすすめポイント

「背中を見て学ぶ」という言葉がある。ビジネスの現場では近年、「非効率だ」と指摘されることもあるやり方だが、学び手が前のめりである限り、学ぶ手段として有効であることに変わりはないだろう。本書はいわば、著者がさまざまな「仕事ができる人」の背中を見て学んだことが詰まった一冊だ。

2023年のベストセラー『頭のいい人が話す前に考えていること』（38ページ）の著者でもある安達氏が、コンサルタントとして出会ってきたさまざまな「仕事ができる人」をじっくり観察し、その人たちが「見えないところで必ずしていること」をまとめたのが本書だ。

著者の知人で誰とでも楽しく話せる「コミュニケーションの達人」は、相手の趣味などを聞き出しつつ、「私におすすめはありますか？」とたずねるという。しかも、それを自分でもできる限り試して、感想を伝えるそうだ。

このほかにも、50歳以上の人しか採用しない会社の社長の発言など、興味深い事例を紹介している。いずれもこの先の人生を変えてくれる教えだと確信できる。

本書に登場する「仕事ができる人」たちの教えが学びの宝庫であることは言うまでもない。それに加えて、仕事ができる人を観察し、その行動や発言の意図が分からなければ素直にたずね、読者に惜しみなくシェアするという著者の姿勢からも、学べることは多いはずだ。

一読のすすめ

本書では、実行力、決断力、コミュニケーション力、考え抜く力、働きかけ力の5つの章に分けて、「仕事ができる人」のやっていることが紹介される。どれも納得のいくものばかりで、どんな人が読んでも必ず一つは「実践してみたい」と思うような教えが見つかるだろう。

「社内営業」と「媚びを売る」の違い、「仕事を任されたら絶対すべき」8箇条、初対面でも上手に警戒を解く面接官に学ぶ6つのステップ、コンサル会社で部下に課した8つの訓練、「頭がいい」より「行動力がある」を優先する……本書には教えがまだまだある。ぜひ本書を手に取り、自分に足りないものを見つけたり、今後の目標設定の参考にしたりしてほしいと願う。新人からベテランまで、必ず役立つ一冊だ。

さらに深掘りしたい方はこちら

5つのステップで相手の可能性を引き出す

『新装版　目からウロコのコーチング

なぜ、あの人には部下がついてくるのか？』

（PHP研究所）

播摩早苗
株式会社フレックスコミュニケーション代表取締役

要点1

コーチングとは、会話によって相手の優れた能力を引き出しながら、前進をサポートし、自発的に行動することを促すコミュニケーションスキルを意味する。

要点2

コーチングでは、相手に指導・命令するのではなく、相手のありのままを受け入れ、潜在する答を引き出す。コーチは自分の気持ちを出発点として相手を承認するI《アイ》メッセージ（「今ここで」の自分の感じ方を正直に伝えたもの）を使うことが有効だ。

要点3

コーチが「相手は主人公だ」という意識で質問や承認を行えば、相手は自分自身をより深く見つめられ、有意義で充実した人生を送れるようになる。

おすすめポイント

コーチングとは、相手の可能性を引き出し、自ら考えて行動することをサポートするスキルである。コーチングにおけるコーチは、相手と対等な立場に立つ。答を押しつけることなく、相手の中にある答を引き出すことで、その潜在能力を発揮させるのだ。

そのコーチングの構造は次の５つの要素で構成されている、と本書では書かれている。

①目標設定
②現状把握
③原因や背景の言語化
④目標に向けた行動のイメージ化
⑤アドバイス、フォロー

これらの要素を意識することで、現状に対してどのような行動を足せば目標にたどり着けるかを引き出すことができる。コーチは、「行動する相手が主人公だ」という意識で質問、承認していく。そうして促された相手は、より深く自分を見つめられるようになるという。

チームのリーダーはメンバーの力を引き出すためにどうすれば良いか。管理職として個々の部下とどのように向き合えば良いのか。こうした悩みを抱えている人にとって、人間の本性に根差した本書のメッセージが大いに役立つだろう。

一読のすすめ

「答えはそのひとの中にある」

そう心から信じて、相手を見守り、適切なタイミングで承認やアドバイスを行うことは、一朝一夕でできることではないだろう。だが、コーチングスキルとともに、インターナル環境（自分の内面、意識）の整え方を学び、実践していくことで、コーチングの真髄が腑に落ち、体得できるのではないだろうか。

コーチング初心者の学びにはもちろん、上級者の振り返りにも効果的な「コーチング入門書の決定版」として、本書をおすすめしたい。

さらに深掘りしたい方はこちら

「錯覚資産」で成功をつかむ

『人生は、運よりも実力よりも「勘違いさせる力」で決まっている』（ダイヤモンド社）

ふろむだ
ブログ
「分裂勘違い君劇場」著者

要点1
よいポジションにつくのは実力がある人ではなく、「実力があると周囲が錯覚する」人だ。成功したいなら、人々が自分に対して持っているいい都合のいい錯覚である「錯覚資産」を増やすことに力を注ぐべきだ。

要点2
錯覚資産を得やすい仕事に積極的にチャレンジし、「確変」が来たときに全力投球すれば、効率よく錯覚資産を増やすことができる。

要点3
人間の直感は、思い浮かべやすい情報だけを使って判断するという特徴がある。友人・知人に自分のことをアピールしたりSNSのフォロワー数を増やしたりして、自分を思い浮かべてくれる人を増やそう。

おすすめポイント

本書は、複数の会社を立ち上げた起業家でもあり、累計読者数が数百万人にのぼる伝説のブログ「分裂勘違い君劇場」の著者であるふろむだ氏が、すべての悩める社会人に向けて、運よりも実力よりも大事な「錯覚資産」についてまとめたものである。

著者は、錯覚資産を「人々が自分に対して持っている、自分に都合のいい思考の錯覚」と定義し、成功するかどうかのほとんどは才能や努力ではなく運次第で決まると断言する。

そう聞くと、成功をコントロールすることはできないのかとがっかりする人もいるだろう。

ところが錯覚資産を意識的に増やしていくことができれば、成功の確率を高めることができるという。

思考の錯覚を引き起こす認知バイアスの一種、ハロー効果はそのヒントである。これはなにか一点が優れていると、その人のすべてが優れて見えてしまうというもので、その錯覚をうまく運用すれば、本来は運でしかない仕事の成功も、全体的な実力の高さゆえのものだと「勘違い」してもらえるのだ。

まずは何らかの成果を生むために色んなことにチャレンジし続け、地道に錯覚資産を増やそう。

やがてパチンコの「確変」状態がやってきて、雪だるま式に錯覚資産が増えていくこととなる。

思考の錯覚を敵に回すか味方につけられるかで、人生は劇的に変わる。その一歩を踏み出すかどうかはあなた次第だ。

一読のすすめ

錯覚資産について知れば知るほど、「あれはそういうことだったのか」と色々なことが腑に落ちるはずだ。

実力があるのになぜか評価してもらえない、いつも目立たない役回りばかりだという方は、ぜひ本書を読んで成功への一歩を踏み出していただきたい。

さらに深掘りしたい方はこちら

部下からやる気を奪わないために

『こうして社員は、やる気を失っていく』

（日本実業出版社）

松岡保昌

株式会社モチベーションジャパン代表取締役社長

要点1

やる気は個人ではなく職場の問題だ。人の気持ちを理解しない上司の対応や組織の制度といった「やる気を下げる要因」を取り除けば、やる気は勝手に上がっていく。

要点2

企業文化には、人を同じ考えに染め、似た人を引き寄せる力がある。このため「やる気のある集団」と「やる気のない集団」への二極化が進み、企業力の格差へとつながっている。

要点3

会社は一人ひとりの社員から成る。個人が仕事に意義を感じられるからこそ、主体的に本気で取り組むことができる。組織が個人の幸せを意識することが、会社の強さへとつながっていく。

新刊案内

2024

11月に出る本

Ⓢ 新潮社

https://www.shinchosha.co.jp

売

シリーズ累計1000万部突破!

こいごころ

畠中 恵

若だんなを訪ねてきた妖狐の老々丸と笹丸。三人は事件に巻き込まれるが、笹丸はある秘密を抱えていて……。優しく切ない第21弾。

146143-4 ●737円

堀内・伊達シリーズ最新長編

熔果

黒川博行

100キロ五億円相当の金塊が強奪された。大阪府警元刑事コンビはその行方を追う。脅す、騙す、殴る、蹴る――。痛快クライム・サスペンス。

137016-3 ●1100円

『#真相をお話しします』の結城真一郎は長編もすごい!

救国ゲーム

ナルニア国物語1

ライオンと魔女

C・S・ルイス 小澤身和子［訳］

＊「スター・クラシックス」シリーズ 240661-8

四人きょうだいの末っ子ルーシーは、衣装だんすの奥から別世界ナルニアへと迷い込む。世界中の子どもが憧れた冒険が新訳で蘇る!

●693円

少年の君

玖月晞《ジウユエシー》 泉 京鹿［訳］

優等生と不良少年。二人の孤独な魂が惹かれ合うなか、不穏な殺人事件が発生する。本国でベストセラーを記録した慟哭の純愛小説。

240641-0 ●1265円

海外名作 発掘 HIDDEN MASTERPIECES

ベージュ

谷川俊太郎

弱冠18歳で詩人は産声を上げ、以来70余年、

126627-5

新潮文庫 11月28

”奇跡“の限界集落で発見された惨殺体。救国のテロリストによる劇場型犯罪の謎を暴け。最注目作家による本格ミステリ×サスペンス。
103264-1 ●935円

もういちど、あなたと食べたい
筒井ともみ

名脚本家が出会った数多くの俳優や監督たち。彼らとの食事の思い出を、余情あふれる名文で振り返る心温まるエッセイ集。
131134-0 ●737円

「弾ぁまだ残っとる」と粋がって生きてりゃいい

飢餓俳優 菅原文太伝
没後10年

松田美智子

*『仁義なき戦い 菅原文太伝』改題
133042-6

誰も信じず、盟友と決別し、約束された成功を拒

花と火の帝（上・下）
隆慶一郎

皇位をかけて戦う後水尾天皇と卑怯な手を使う徳川幕府。泰平の世の裏で繰り広げられた呪力の戦いを描く、傑作長編伝奇小説！
117423-5, 24-2 ●各935円

守り刀のうた
結城光流

大人気「少年陰陽師」シリーズ著者による、コミックス原作小説。新・妖《あやかし》ファンタジー登場！ 小説オリジナル後日譚&まんが試し読みも収録。●693円
180296-1

新潮文庫 nex

堕天の誘惑 幽世《かくりよ》の薬剤師
紺野天龍

180297-8

新潮文庫 nex

おすすめポイント

本書は、職場で起きがちなやる気喪失エピソードを紹介するとともに、組織を率いるリーダー側の視点からそれらを改善する方法を指南している。

たとえば、「忙しい」が口癖で、仕事に気を取られているがゆえに話すときも部下の顔を見ない上司。その態度の積み重ねがじわじわと効いてしまう。相手の気持ちや考えを把握するために、きちんと相手の話を「聴く」姿勢が重要だ。「どうせこうに決まっている」と勝手に決めつける上司もやる気を奪いがちだ。上司側が良かれと思ってやったことが裏目に出ることもある。こういう人は、自分より優秀な部下を育てるつもりで行動してみよう。

人の気持ちや心の動きを重視し、心理面からアプローチする経営コンサルタントである著者は、本書でも心理学的な知見にもとづいた解決策をわかりやすく解説している。

一読のすすめ

本書が生まれたきっかけは、「うちの管理職が、メンバーのやる気を高められるような本を出してほしい」という声だったという。そのためには、「モチベーションを下げない」ことが重要だと指摘するのが、本書の新しい点だ。

読んでいるだけでやる気が削がれそうな職場の「あるある」すぎる事例の中に、もし自分がやってしまっているかもしれないと思うものがあったら、本書の改善策を試してみよう。書籍には、「反面教師」となる事例が改善策とともに多数掲載されている。

本書を社内の人といっしょに読めば、よくない言動をお互いに意識し、指摘し合うための共通認識を形成することができるだろう。自社のモチベーションを高めたいと願う方に、広くおすすめしたい。

さらに深掘りしたい方はこちら

「商談の接戦」を制する

『無敗営業　「3つの質問」と「4つの力」』（日経BP）

高橋浩一
TORiX株式会社
代表取締役

要点1

商談・案件には、楽勝・接戦・惨敗の3種類がある。注力すべきは接戦案件だ。お客さまが何と何で迷っているのかを具体的に把握し、自社が選ばれる理由を作っていく。

要点2

接戦における受注率を上げるには、接戦状況を問う質問、決定の場面を問う質問、裏にある背景を問う質問の「3つの質問」が有効だ。

要点3

お客さまは営業担当者の「ズレ」に不満を感じる。不満を解消し、受注につなげるために、質問力、価値訴求力、提案ロジック構築力、提案行動力の「4つの力」を磨こう。

おすすめポイント

コンペは8年連続で無敗。営業コンサルとしてのべ3万人以上を指導してきた人物――。それが、本書の著者、高橋浩一氏。まさに最強の営業パーソンだ。よく話す、押しの強い人物を想像するかもしれない。だが著者によると「普段の私はボソボソと話す人間」で、家族からは「もしも〜し。何て言ったか聞こえないから、もう一回！」と頻繁に聞き返されるという。

そんな控えめな高橋氏が「無敗」なのはなぜか。著者自身は勝因を「ズレを解消して成果を上げることに対して、尋常ならざる熱意を注ぎ、ひたすら研究と実践をくり返してきたから」と分析する。その研究と実践の成果が詰まっているのが本書だ。

調査によると、お客さまが営業担当者に感じる不満の上位は、

「要件のヒアリングが不十分」
「営業担当者としての魅力や価値を感じない」
「意図に沿わない提案を出してくる」

「営業担当者としての動きが悪い」

の4つだそうだ。思わずドキリとさせられるデータではないだろうか。

でも、安心してほしい。本書を読んで「3つの質問」と「4つの力」を自分のものにすれば、お客さまに不満を抱かせることはなくなるはずだ。たとえば「3つの質問」のひとつ、「決定の場面を問う質問」は、受注や失注の理由を尋ねるのではなく、どの瞬間に受注（失注）を決めたのかという「事実」をきく。理由より事実のほうが答えやすく、そこから次の提案に生かせる情報を得られるだろう。

この本に出会えた営業パーソンは幸運だ。「無敗営業」のノウハウを余すことなく堪能し、あなたの営業人生をより輝かしいものにしてほしい。

一読のすすめ

本書では、値段を理由に断られそうになったときの対応、決裁者に会えない商談の進め方、なかなか進まない案件を進めるクロージング法など、営業パーソンなら誰もが知りたい情報が丁寧に解説されている。
「3つの質問」と「4つの力」をいかに身につけ、実践の中でどう使っていくか、ぜひ確認してほしい。

さらに深掘りしたい方はこちら

これからの時代のキャリアの考え方

『キャリアづくりの教科書』

（NewsPicksパブリッシング）

徳谷智史
エッグフォワード株式会社
代表取締役社長

要点1
これからは、「誰かに決められたルートを歩くだけ」のキャリアとは一線を画す、キャリア3・0の時代となる。

要点2
旅の「目的地」を知るには、「解凍（これまでのキャリアについての思い込みをはずす）・形成（自分の本質的な志向を見出す）・再定義（ありたい姿を描く）」の3ステップによって、自分自身を言語化する必要がある。

要点3
キャリアジャーニーを円滑に進めるためには、高い市場価値が求められる。市場価値は「希少性」「市場性」「再現性」の3つの要素から成る。

要点4
キャリアには基本となる4類型があるが、今後は複数の分野で専門性を発揮できるH型（複数の特定領域で深い専門性を持つ）・HH型（自分の中に複数のH型をつくり、さらに他者の専門性をも掛け合わせていける）人材の市場価値がさらに増していく。

おすすめポイント

「いまだない価値を創り出し、人が本来持つ可能性を実現し合う世界を創る」。これが著者である徳谷智史氏の人生のテーマだ。徳谷氏はこれまで2万人以上のキャリア支援と、1000社に迫る組織変革を手がけたキャリア開発のプロである。かつてコンサルタントとして組織の再編・縮小を断行した際、こんな疑問が浮かんだという。

「入社以来一貫して懸命に働いた社員を、部門ごと切り捨てることがコンサルティングと言えるのか」

その後も、数々の企業再生や組織再編の経験を積むが、本当の組織改革に踏み込みたいという思いからエッグフォワードを設立した。本書はそんな著者の濃密な人生経験とノウハウを惜しげもなく公開した大著だ。

これからのキャリアには、誰にも共通するゴールや物差しはないという。ルートが決まった「川下り」や共通の山を目指す「山登り」ではなく、自律的に描き進む「キャリアジャーニー」時代の到来だ。

本書の第1章ではこれまでとこれからのキャリアの変遷を整理し、第2章で旅の目的地を設定する。

第3章では必要な武器を整理し、第4・5章では目的地までのルート選びを学ぶ。そして第6章以降は、目的地に着いた後に高いパフォーマンスを発揮するための心得やマネジャー・組織目線の「他者のキャリア支援」に広がっていく。自身のキャリアに応じて必要な章を熟読してほしい。本書は、まさに「キャリアの地図」として一人ひとりのかけがえのない人生に寄り添ってくれる一冊だ。

一読のすすめ

もし読者の周囲に就活生がいれば、第4章に書かれている「新卒のファーストキャリアの選び方」をすすめてほしい。どんなキャリアを選ぶにしても心に留めておきたい内容だ。

また第6章以降では、新たな職場に転職して成果を出すための方法、さらには他者のキャリア支援について学ぶことができ、マネジャーや経営者としての成長にも役立つ内容になっている。

個々人のライフステージや課題意識に応じて、本書の該当する章を開いてみてほしい。心に響く言葉が数多く見つかり、自分のキャリアに新たな可能性を見出せるのではないだろうか。

さらに深掘りしたい方はこちら

優れた戦略とは何か

『ストーリーとしての競争戦略』

優れた戦略の条件

（東洋経済新報社）

楠木建

一橋ビジネススクールPDS
寄付講座競争戦略特任教授

要点1

ストーリーとしての競争戦略とは、戦略の本質である「違い」と「つながり」の2つの要素のうち、後者に軸足を置くものだ。他社との差別要素が組み合わさり、相互作用することこそが長期利益の実現につながる。

要点2

「違いをつくる」ためには、他社と違うところに自社を位置付けること（SP）と、他社が簡単に真似できないその組織固有のやり方を実践すること（OC）、の2通りの方法が存在する。この2つの意味合いを理解し、両者のつながりを意識して戦略ストーリーを組み立てることが重要である。

要点3

優れたストーリーは、単なるアクションリストやテンプレートのような静止画ではなく、戦略ストーリーにおける5つの柱（5C：競争優位、コンセプト、構成要素、クリティカル・コア、一貫性）が優れていて、動画のように全体の動きと流れが生き生きと浮かび上がってくるようなものである。

おすすめポイント

優れた戦略とは何か。

これまで数多の出版物などで語られてきたこの問いに対して、本書の著者・楠木建氏は「戦略がストーリーになっているか」ということがその条件であり、「優れた戦略とは思わず人に話したくなるような面白いストーリーだ」と説いている。そして「ストーリーがある」ということは、個々の打ち手が組み合わさり、全体の動きと流れが生き生きと浮かび上がってくる、動画のようなものである、ということだ。

本書は7章構成となっている。第1・2章ではストーリーとしての競争戦略とは何か、なぜストーリーという戦略思考が重要なのかを示し、第3～5章で優れた戦略ストーリーの条件、第6章にてその具体例を紹介し、第7章では総括として戦略ストーリーの原則についてまとめている。

本書を読めば優れた戦略ストーリーの構築方法について体系的に学ぶことができる。

戦略ストーリーはビジネスの打ち手の時間展開を含んだ考え方であり、個別の取り組みだけでなくその成果との因果関係にまで目を配る。その柱となるのが「5C（競争優位、コンセプト、構成要素、クリティカル・コア、一貫性）」だ。そのうちのひとつであるクリティカル・コアは、競争優位の源泉となる中核的な構成要素を指す。他の要素と同時に多くのつながりを持ち、それ単体では非合理に見えても、全体で見れば合理的という特徴を持つ。スターバックスの「直営方式」はその一例だ。

優れた戦略ストーリーの具体事例を豊富に有し、読み物としても満足できる内容となっていることから、競争戦略に興味関心がある人にとっては必読の一冊である。

一読のすすめ

本書の魅力のひとつは具体事例の豊富さであり、またこれらのケーススタディによってストーリーとしての競争戦略がどういったものなのかという理解が格段に深まるものと期待される。多くの経営者から「ベスト経営書」として推薦されている本書は、全てのビジネスパーソンが読むべき一冊であろう。

さらに深掘りしたい方はこちら

マーケティングを知る最適の教科書

『コトラーのマーケティング入門〔原書14版〕』

（丸善出版）

フィリップ・コトラー、ゲイリー・アームストロング、マーク・オリバー・オプレスニク（恩藏直人監訳、アーヴィン香苗、小林朋子、パリジェン聖絵、宮崎江美訳）

フィリップ・コトラー：ノースウェスタン大学ケロッグ経営大学院名誉教授
ゲイリー・アームストロング：ノースカロライナ大学チャペルヒル校のキーナン＝フラグラー・ビジネススクール学士課程のクリスト・W・ブラックウェル特別名誉教授
マーク・オリバー・オプレスニク：ザンクトガレン経営大学院理事

要点1
マーケティングは「顧客が求める価値を創造し、強固な顧客リレーションシップを築き、その見返りとして顧客から価値を得るプロセス」と定義できる。

要点2
顧客価値主導型マーケティング戦略を策定する際の主要ステップは、市場細分化、市場ターゲティング、差別化、ポジショニングから成る。

要点3
価格設定においては、価値に対する顧客の知覚、企業のコスト、競合他社の戦略を理解することが重要となる。

おすすめポイント

マーケットは、消費者のニーズやウォンツによって常にダイナミックに動いている。その変化をとらえて新たなウォンツを創り出すために、マーケティングも常に進化を遂げてきた。一方、マーケティングには普遍的な本質の要素もある。この双方をとらえ、丁寧かつ的確な説明でまとめ上げた教科書的な一冊が本書である。

執筆陣は、「近代マーケティングの父」と呼ばれるフィリップ・コトラー氏をはじめとする豪華なメンバーで、監訳者は日本のマーケティング研究の第一人者である恩藏直人氏だ。

コトラー氏の著書といえば、世界中のビジネススクールで最も広く用いられている『コトラー&ケラーのマーケティング・マネジメント』を思い浮かべる読者も多いと思うが、『コトラーのマーケティング入門』はそこへ至るための土台を固めるのに最適な一冊といえる。

また事例も豊富で、エミレーツ航空、アップル、ロレックス、Airbnb、パタゴニア、ネットフリックスなど、有名企業のマーケティング戦略の真髄にふれられる。頷きがとまらなくなること請け合いだ。

例えば、高級アウトドア商品を製造販売するパタゴニアは、創業以来、最高の製品を作って地球環境を守ることをミッションとしていた。そして、子どもたちの未来のためにと、購入前に本当に必要なものかどうかをよく考えてほしいと、広告を通じて消費者に訴えかけている。パタゴニアのこの広告によって、結果的に同社の環境保護活動への関心が生まれ、売上が急増したという。

マーケティングは企業活動の根幹であり、すべてのビジネスパーソンにとって有益な知識である。本書を通じて、コトラー氏たちが描き出した体系的な「知のマップ」にふれていただきたい。

一読のすすめ

自社のマーケティングをアップデートするためには、競合他社や業界だけを見ていても限界があるだろう。本書のような骨太な本を読むことで、マーケティングの基本を整理し、未来への確かな一歩を踏み出していただければと願う。

さらに深掘りしたい方はこちら

労働市場の変化に乗り遅れないために

『リスキリング』（日本能率協会マネジメントセンター）

自分のスキルをアップデートし続ける

後藤宗明

一般社団法人ジャパン・リスキリング・イニシアチブ代表理事

要点1

リスキリングとは、「新しいことを学び、新しいスキルを身につけ実践し、そして新しい業務や職業に就くこと」を意味する。技術的失業で仕事を失う前に、成長産業で必要なスキルを身につけることが重要視され、リスキリングが注目を浴びている。

要点2

リスキリングの10ステップは次のプロセスから成る。現状評価→マインドセットづくり→デジタルリテラシーの向上→キャリアプランニング→情報収集の仕組みづくり→学習開始→デジタルツールの活用→アウトプットに挑戦→学習履歴とスキル証明→新しいキャリア、仕事の選択。

要点3

これからはスキルベース採用が進む。AIを活用した自身のスキル発掘と、スキルの類似性によるスムーズな配置転換がカギとなる。

おすすめポイント

『LIFE　SHIFT』（312ページ）が世界的なベストセラーとなり、リカレント教育が注目を集めるようになった。リカレントは「働く→学ぶ→働く→学ぶ」のサイクルを続け、新しいことを学ぶために職を離れるような「学び直し」を意味する教育手法である。

対して本書が扱うリスキリングは、背景も目的も切実だ。いまと異なる業務を行うために必要な新しいスキルを獲得するリスキリングは、テクノロジーが人間の労働を代替する「技術的失業」という社会問題の解決策として注目されている。そのためリスキリングは、新しい職業に就くことを目的とし、職業に直結するスキル習得を目指す。学習する分野は主にデジタル分野だ。世界経済フォーラムによると、従業員の2人に1人はデジタルスキルについてのリスキリングが必要とされており、残りの半分の人についても自分のスキルの40％を労働市場の変化に適応させなくてはならないという。

リスキリングで身につけるべきスキルには、AIのコーディングや外国語など、評価基準が明確なハードスキルだけでなく、コミュニケーション能力などの定性的なソフトスキルもある。ソフトスキルを前提として、自分自身と向き合いながら、どのようなハードスキルを身につけるのか計画し、実践していく。本書では、その過程について10のプロセスでまとめている。

一読のすすめ

「テクノロジーの急激な進化で、人間の仕事が機械やアルゴリズムに代替される」といわれても、日本で働く多くの人はその実感をもてないのではないだろうか。「現状維持でいい」と思うかもしれない。

しかし、本書で紹介される世界のリスキリングの動向と事例を読むと、リスキリングそのものや変化のマインドセットがいかに大切なのかを実感できる。1人でも多くの人がリスキリングの一歩を踏み出せば、より生き生きと働く人が増え、企業や社会の発展につながっていく。本書には具体的なリスキリングの実践方法として、オンライン講座や新しいデジタルツールがいくつも紹介されている。たとえば、リスキリング初心者におすすめのオンライン講座Grow with Googleや、英語の自動文字起こしツールのOtterなどだ。リスキリングの「いまと未来」を知りたい方に迷わずおすすめしたい一冊だ。

会社員、フリーランスなど、あらゆる状況の読者がすぐにリスキリングに取り掛かれるようにという著者の思いが一貫して伝わってくる。自身のスキルをアップデートし続けるための実践的なヒントを得てほしい。

さらに深掘りしたい方はこちら

結果を最大化する依頼の仕方

『任せるコツ
自分も相手もラクになる正しい〝丸投げ〟』

（すばる舎）

山本渉

マーケティング会社
統括ディレクター

要点1

気持ちよく引き受けてもらえる依頼には、意欲創出・目的の明確化・欲求充足・選択肢の提示・負担の配慮という5つの要素がある。

要点2

誰かに仕事を依頼して高い成果を上げたいなら、相手の人となりを把握しておく必要がある。そのためには、面談を通して相手の話をよく聞き、「三談論法の法則」（重要度も緊急度も低い「雑談」レベルから、ちょっとした「冗談」を挟みつつ、「相談」にもっていきやすくする方法）を駆使して「重要度が高くて緊急度が低い話」を引き出すとよい。

要点3

相手のモチベーションを上げるには、褒める・潜在的意欲と適性を見抜く・共通目的を示す・任せる、の4つのアプローチが有効だ。

おすすめポイント

自分も相手もラクになる正しい〝丸投げ〟――これが本書の副題だ。表紙をめくると、そこには「相手のことを考えた『正しい丸投げ』は、個人も組織も劇的に成長させる」とある。そして、本書を読み進めるうちに、自分もどんどん仕事を〝丸投げ〟していこうと思うようになるだろう。

著者の山本渉氏は、国内最大手のマーケティング会社で若くしてマネージャー職に就き、数多くの失敗を経験した。その経験をもとに、「チームメンバーの話をとにかく訊いて深く理解し、最後はメンバーを信じて完全に任せることでメンバーも組織全体も成長し活性化していく」という教訓を得たそうだ。現在はジェネラルマネージャー兼、部長を束ねる統括ディレクターとして、大小問わず、年間100近いプロジェクトをメンバーに〝丸投げ〟して成果を出しているという。

本書では、メンバーに仕事を任せるコツがあらゆる角度から指南される。「どう頼むか」「誰に頼むか」に始まり、〝丸投げ〟の前後にやるべきこと、時代に合った任せ方、〝丸受け〟できる人材を育てるための褒め方……とにかくこれ一冊読めば、金輪際「自分がやったほうが早い」と思うことも、モチベーションの低いメンバーの顔色をうかがいながら仕事を依頼することもなくなるだろう。チームの成果を最大化し、気持ちよく仕事をしたいすべてのリーダーに一読をすすめる。

一読のすすめ

本書の「はじめに」で、著者は「『任せる』というのは、なぜこんなにも難しいのでしょうか？」と問題提起している。相手の忙しさを想像すると気が引けるし、手順などを丁寧に説明しなければならなかったり、最終的に確認や修正が必要になったりすることを考慮すると、自分でやったほうがいいと思うこともあるだろう。

だが、著者はこう続けている。「でも、ご安心ください。本書を読めば必ずできるようになります。ただ任すだけでなく、相手を成長させて感謝される任せ方ができるようになります」

本書を読むと、思い切って「任せる」ことのメリットと、その具体的な方法が理解でき、誰かに仕事を頼むことのハードルがぐっと下がるはずだ。自分も相手も幸せにする「任せ方」の真髄を、ぜひ本書で学んでほしい。

さらに深掘りしたい方はこちら

「不安型転職」を防ぐ成長実感

『なぜ「若手を育てる」のは今、こんなに難しいのか

〝ゆるい職場〟時代の人材育成の科学』

（日本経済新聞出版）

古屋星斗
リクルートワークス研究所
主任研究員

要点1

「自分は別の会社や部署で通用しなくなるのではないか」という「キャリア不安」を抱いた若者たちは、成長実感の得にくい「ゆるい職場」を去るという選択をすることもある。

要点2

若手が成長し活躍できる職場をつくるためには、「心理的安全性」と「キャリア安全性」という2つの要素に注目するとよい。

要点3

調査からは「社外活動をしている若手は、自分の会社が好き」という傾向が見られた。優秀な人材は、無理に囲い込むのではなく、積極的に社外活動をさせるべきだ。

おすすめポイント

著者の古屋星斗氏は、次世代社会のキャリア形成の研究者だ。前著『ゆるい職場』では、職場を「ゆるい」と感じている新入社員の離職傾向が強いことや現代の若者の転職が「不満型転職」から「不安型転職」にシフトしていることを指摘し、読者を驚かせた。

本書ではさらに一歩踏み込み、若手が活躍できる職場に必要な「キャリア安全性」の考え方や、「育て方改革」を進める際のポイント、「優秀な人材ほど辞める」への対応策などを提示している。

かつては長期インターンなど入社前の社会的経験が「全くない」グループは多数派だったが、現代の若手では逆転している。そして、社会的経験の多い〝大人化〟した人たちほど、離職率も高くなりがちだという。そうしたパフォーマンスの高い若手には、「囲い込まず、外の体験を与える」「褒めるだけでなく、フィードバックもしっかりする」などの打ち手も大切になる。

印象的なのは、本人の合理性を超えた機会を提供せよというアドバイスだ。本人の希望に沿ったキャリアパスを用意するだけでは、その人が想像する以上の機会や経験は得られない。上司側が若手に対して「上司に指示されたから」「会社の研修項目に入っているから」といった「言い訳」を与え、あえて本人の希望から少し外れた機会を提供することで、Z世代の若手が重視する「成長実感」が得られて、優秀な人材の離職を防げる可能性があるという。

本書を読めば、人材育成や若手とのコミュニケーションにおけるモヤモヤが晴れるだろう。

一読のすすめ

本書には、著者がZ世代から直接聞いた「本音」が多くちりばめられている。「（ハラスメントに注意するあまり）上司が言おうとしたことをぐっと我慢している瞬間がわかるんですよね」という2018年卒のSさんの発言や、総合商社を3年半で退職したOさんの「よく、『なんでこんな良い会社を辞めちゃうの』と言われましたが、むしろ自分は『自分で自分のキャリアをコントロールできないのによく大丈夫ですね……』と思ってしまいます」という発言は特に印象的だ。

非優秀層の育成における3つのヒントや、さらなる成長を求めて退職してしまった人材を「関係社員」として自社に活かす組織のつくり方など、マネジャー層や人事が必読の内容ばかりである。新入社員がやってくる前に必ず読んでおきたい一冊だ。

さらに深掘りしたい方はこちら

楽しみながら結果を出すには

『佐久間宣行のずるい仕事術

僕はこうして会社で消耗せずにやりたいことをやってきた』

（ダイヤモンド社）

佐久間宣行
テレビプロデューサー

要点1

だれにでもできる仕事だからといって、決して手を抜いてはいけない。小さな仕事も、工夫次第で「自分にしかできない仕事」になり、信用とチャンスにつながる。

要点2

会議が終わった直後の5分間が1週間後の自分の評価を変える。すぐに要点整理とアウトプットをして、次回の会議に備えよう。

要点3

チームを壊しかねない問題児がいるときは、よくない行動ができない空気をつくる「封じ込め」作戦が効果的だ。

おすすめポイント

本書の著者、佐久間宣行氏はテレビプロデューサーとして「ゴッドタン」や「あちこちオードリー」といった人気番組を生み出してきた。パーソナリティを務めるラジオ番組「佐久間宣行のオールナイトニッポン0（ZERO）」にも多くのファンがいる。

ただ、佐久間氏がテレビの仕事をしているからといって「自分の仕事とはまったく違う」「参考にならない」と思うのは尚早だ。

佐久間氏は、実は業界に飛び込んですぐ「自分は芸能界もテレビ界も苦手っぽい」と気づいたという。実際、苦労も多かったそうだが、それでも懸命に工夫を重ね、現在のポジションを手に入れた。そうした蓄積をもとに、本書には「入社当時の絶望から20年以上かけて僕が身につけた作戦の数々」が詰め込まれている。

印象的なエピソードを1つ紹介しよう。入社1年目、佐久間氏はドラマのアシスタント・ディレクターだった。雑用ばかりの日々に不満を抱いていたある日、監督から、翌日の撮影で使う「サッカー部の女子マネージャーの手づくり弁当」

を用意してこい、と言われる。ほとんど画面には映らない小道具だが、依頼された以上、なんとか用意するしかない。

そこで佐久間氏は、サッカーボールに見立てたおにぎりを思いつき、おかずづくりも含めて朝の5時までこだわった。すると、その出来栄えを気に入った監督の一声により、ほんの小道具に過ぎなかった弁当がストーリーのメインに抜擢されたのだ。だれでもできる雑務が「佐久間の仕事」に変わり、仕事がおもしろくなったという。

このようなエピソードに裏付けられた、誰でもすぐ使える仕事術が詰まった本書。新人からベテランまで、楽しみながら結果を出したい人に読んでほしい一冊だ。

一読のすすめ

本書の仕事術はどれも納得感があり、「こんなふうに行動したら、自分の仕事もうまくいきそうだ」と感じるものばかりだ。しかも、正論を押しつけるのではなく「自分も昔はできなかった」「大変だけどやってみようよ」というニュアンスで書かれているため、受け入れやすい。きっとどんな人でも「明日から頑張ろう！」と思えるだろう。平和に、楽しく、抜きん出た成果を出したいなら、ぜひ手に取ってほしい。

さらに深掘りしたい方はこちら

第4章

思考術・リーダーシップ

「問い」そのものを見定める

『イシューからはじめよ』

知的生産の「シンプルな本質」

(英治出版)

安宅和人
慶應義塾大学
環境情報学部教授

要点1
問題を解く前に、本当にそれが解くべき問題であるか、イシューであるかを見極める必要がある。

要点2
解の質を高めるために、初期の段階で「ストーリーライン」と「絵コンテ」を作成する必要がある。

要点3
いきなり分析や検証の活動をはじめず、粗くてもよいから、肝となるサブイシューが本当に検証可能かどうかを見極める。

おすすめポイント

２０１０年に出版された本書には未だに新しさがある。「それは本当に解くべき課題なのか」という論点に対して、明確な解を示していることにその理由がある。世の中で問題かもしれないと思われているもののなかで、今この瞬間に解を出すべき問題というのは１００個のうち2、３個だと著者は語る。解くべき問題を見極め（イシュー度を高める）、そして解の質を上げていく（仮説ドリブン→アウトプットドリブン→メッセージドリブン）ことが重要だ。

まずは、大きい問いであるイシューを「答えの出せるサイズ」の「サブイシュー」に分解する。そこから仮説を見出し、ストーリーラインをつくって検証していく。ただし、いきなり分析をするのではなく、もっともバリューのあるサブイシューを見極め、そこからアウトプットを出すことが肝要だ。そして、イシューに沿ったメッセージを人に力強く伝わるかたちでまとめるのが「メッセージドリブン」である。受け手に対して、語り手と同じような問題意識と興奮を与えられることが理想だ。

著者が脳神経科学の研究とマッキンゼーにおけるビジネスの経験から共通して見出したこのアプローチは、まさしく「知的生産の『シンプルな本質』」に違いない。

一読のすすめ

本書ではイシューベースの各アプローチに対するさらに深い思考方法や、それに基づくビジネスケースが多く提示されている。すべてのビジネスパーソン、そしてこれから社会に出ようとする若者たちに、本書を一読することを強くすすめたい。

さらに深掘りしたい方はこちら

思い込みを克服し、世界を理解する

『FACTFULNESS 10の思い込みを乗り越え、データを基に世界を正しく見る習慣』（日経BP）

ハンス・ロスリング、オーラ・ロスリング、アンナ・ロスリング・ロンランド
（上杉周作、関美和訳）

ハンス・ロスリング：医師
オーラ・ロスリングとアンナ・ロスリング・ロンランド：オーラはハンスの息子で、アンナはその妻。ハンスを含む3人はギャップマインダー財団の共同設立者

要点1

世界はどんどん物騒になり、社会の分断が進み、環境は悪化していると多くの人は思い込んでいる。しかし統計データを見ると、世界は基本的にどんどん良くなってきている。

要点2

人々が世界を誤って認識している原因は、本能からくる思い込みにある。

要点3

本書で紹介する「ファクトフルネス」を日常に取り入れていくことで、そうした思い込みから脱して事実に基づく世界の見方ができるようになる。判断力が上がり、何を恐れ、何に希望を持てばいいのかを見極められるようになる。

おすすめポイント

ファクトフルネス（FACTFULNESS）とは、「データを基に世界を正しく見る習慣」を意味する。多くの人は、「自分が知っている世界は、事実とそうかけ離れたものではない」と信じ込んでいるだろう。

どうして世界についての間違った認識が蔓延しているのだろうか。その根本には、私たちの本能に根ざした思い込みがある。本書ではデータに基づいた真実の世界の姿を私たちに示し、そうした思い込みを克服する習慣、すなわちファクトフルネスを身につけるよう提唱している。

たとえば、「世界はどんどん悪くなっている」と思い込む「ネガティブ本能」から抜け出すには、「悪い」と「良くなっている」は両立すると考えるように心がけることを提案する。世界はいつも万事オーライなのではなく、概して「悪いニュースのほうが広まりやすい」ものだ。統計を見れば、良い変化も起きていることに気づける。

事実に基づいて世界を見ることのメリットは、なんといってもそれが役に立つからだ。世界が少しずつでも良くなっていることがわかれば、極端な意見に惑わされることもなくなり、世界を確実に変えている小さな進歩が見えてくる。そしてそれを後押ししようという勇気も湧いてくるはずだ。

一読のすすめ

本書では10の思い込みの「本能」が紹介されており、どれも必読の内容である。読者のみなさんには、まずハンス・ロスリング氏らが登壇しているＴＥＤトークの動画（左ページの二次元コードよりアクセス可能）を見ることをおすすめする。見れば必ず、本書を手に取ってみたくなるはずである。

TEDトーク
「ハンス&オーラ・ロスリング 世界について無知にならないために」

さらに深掘りしたい方はこちら

誰でも運を手に入れられる

『新版　科学がつきとめた「運のいい人」』

（サンマーク出版）

中野信子
脳科学者

要点1

「運」はだれにでも公平に降り注いでいる。運がいい人とはその運を多くキャッチしたり、不運を幸運に変えたりできる人である。

要点2

「運のいい人」になるためには、自分を変えるのではなく、いまの自分を最大限に生かすことが重要である。

要点3

「自分は運がいい」と決め込むと、事象に対する考え方が変わる。そうすると対処に違いが生まれてくるため、結果的に運がよくなっていく。

要点4

「運のいい人」とは他者を思いやれる人である。ひとり勝ちを避けて他者との共存を選ぶことが、長く生き延びる秘訣である。

おすすめポイント

「あの人は、運がよくてうらやましい」と思うことは、よくあるのではないだろうか。「運」というものは、偶然手に入ったり生まれ持ったりするもので、「自ら得られるものではない」と考えられているからだ。

しかし、「運は１００％自分次第」と訴えるのは、本書の著者である脳科学者の中野信子氏だ。本書では「運のいい人」を脳科学的に解き明かし、「運のいい人」になるための考え方や行動習慣を教えてくれる。本書を読むと、スピリチュアル的な印象もある「運をよくする方法」には、実は科学的な根拠があるということに驚かされる。

その一例が、「自分は運がいい」と思い込むという方法だ。もちろん思い込んだところで現実が変わるわけではないが、中野氏は「脳科学的に運をよくする効果がある」という。「自分は運がいい」と思い込むことでネガティブな事象のとらえ方が変わり、対処の仕方が違ってくる。その結果、事象が好転する可能性が高くなるというのである。

「運のいい人」は自分の脳を自分で「運のいい脳」に変えていく。本書には、そんな「運のいい脳」に変えるためのノウハウが満載だ。決して難しいことではなく、意識を少し変えるだけでできるため、試さない手はないだろう。「運」の正体を知って小さな行動を積み重ねていけば、自然と「運のいい人」に変わっていくはずだ。

一読のすすめ

本書では、「運」の正体を明らかにし、自分を「運のいい人」に変えていく方法を提案している。

目次を見ると「それで運がよくなるのか」と思うほどシンプルなことばかりだが、脳科学をベースにした説明は非常に論理的であり、納得できる。本書を読めば「運は正体のない漠然としたもの」だという先入観は覆されるだろう。

自分の思考や行動を運がよくなる方向にシフトしていけば、きっと運は好転していく。そしてその方法は、決して難しいことや特別なものではない。

まずは本書を手にとり、運をよくする方法を試していただきたい。きっと運に頼らない「運」を手に入れる方法が身につくはずだ。

さらに深掘りしたい方はこちら

本当に大事なことを見極める技術

『エッセンシャル思考 最少の時間で成果を最大にする』

（かんき出版）

グレッグ・マキューン
（高橋璃子訳）

McKeown Inc. CEO

要点1

エッセンシャル思考とは、大事なことを見極め、自分の時間とエネルギーを最も効果的に配分し、最高のパフォーマンスを発揮するための技術である。

要点2

本当に重要なものごとを見極めるために必要なのは、じっくりと考える余裕、情報収集の時間、遊び心、十分な睡眠、そして、何を選ぶかという厳密な基準の5つである。

要点3

エッセンシャル思考の人は、予測不可能な事態を想定して予定を立てるなど、労力をかけずにエッセンシャル思考を体現できるようなしくみをつくっている。

おすすめポイント

「やらなくては」「どれも大事」「全部できる」――こうした思考が人生をすり減らしていると聞いたら、どう思うだろうか。

本書には、エッセンシャル思考の基本と、「本当に大事な選択肢を見極める技術」、不要なものをうまく「捨てる技術」が紹介されており、これらの技術を無理なく循環させるための「しくみ化」の方法が具体的に描かれている。

たとえば、少数の重要なことをじっくり見極めるには、誰にも邪魔されない時間が必要であると説く。

また、中途半端なイエスをやめて、「絶対やりたい」か「やらない」の二択だけにすることを勧める。そのためには、10段階の評価で9以上の選択肢しか選ばない「90点ルール」を採用するのが効果的だという。こうしたアドバイスを実行に移していくことで、仕事の生産性が高まり、自分に正直に生きる充実感を得られることは間違いない。

この本が画期的なのは、非エッセンシャル思考との対比の中で、エッセンシャル思考が成功を生み出した具体例が随所に盛り込まれているため、効果をありありと思い浮かべることができる点だ。

また、人間の心理的バイアスを熟知した上で提示される、努力や根性がなくてもエッセンシャル思考を可能にする「しくみ化」の方法は、実践的なものばかりである。

一読のすすめ

仕事を断るのが苦手な人や、働きすぎて自分の方向性を見失いかけている人はもちろん、人生の質を高めたいと考えるすべての人にとって、必読の内容だと言える。

人生の優先順位をじっくりと考え、「自分で選ぶ」という最強の武器を手に、生き方をデザインするヒントを得てほしい。

また、最終章の「エッセンシャル思考のリーダーシップ」では、エッセンシャル思考を応用してチームの力を最大化する方法が詳しく述べられているため、管理職やチームリーダーには必読の内容である。
アドバイスを一つずつ行動に落とし込み、「自分にとっての本質」を追求してほしい。

さらに深掘りしたい方はこちら

問題の本質をとらえる思考法

『「具体⇅抽象」トレーニング　思考力が飛躍的にアップする29問』（PHP研究所）

細谷功
ビジネスコンサルタント

要点1

抽象化とはＷｈｙを問うことであり、メタ視点で考えることである。具体化とはＨｏｗを問うことであり、数字と固有名詞に変換することである。手段から目的を考えるのがＷｈｙであり、目的から手段を考えるのがＨｏｗである。

要点2

抽象の世界が見えている人は、具体の世界も見ることができるが、具体の世界しか見えない人は、抽象の世界が見えない。

要点3

「具体→抽象→具体」と、抽象化と具体化を組み合わせることにより、表面的な問題だけでなく、根本的かつ本質的な問題も解決できるようになる。

おすすめポイント

「具体⇅抽象」とは文字通り、具体化と抽象化を行き来する思考法を指す。この思考法は汎用性が高く、特に「問題解決」と「コミュニケーション」の分野で有効だろう。

問題解決は、問題の発見と（狭義の）解決に分けられる。具体的な事象を抽象化することにより、問題の本質を捕捉するのが問題の発見だ。著者も述べるように、問題は発見されれば、ほぼ解けたも同然だ。したがって問題解決においては、抽象化する思考力が決定的に重要になる。そして発見された問題を、具体化することによって解決していく。特に目標は、数字と固有名詞でしっかりと具体化されなければならない。

コミュニケーションにおいては、具体と抽象という大きな座標軸のなかで、「いまどこの話をしているのか」をマッピングすることが重要になる。そこさえ共有できれば、不毛な議論や無用な軋轢は、相当程度減らすことができるだろう。

「具体⇅抽象」の思考回路が身につけば、「自分の頭で考える力」が飛躍的にアップする。さらに言えば、職場やチームで一緒に演習問題に取り組むとなお良いだろう。

思考法を共有することで風通しが良くなり、仕事の生産性がグッと上がること間違いなしである。

一読のすすめ

本書の特徴は、思わず膝を打ちたくなるような「○○あるある」がたくさん紹介されており、すなわち思い当たるような現実の事例が豊富だということである。

そのひとつに、大量発生しているSNSでの無用な議論が挙げられる。多くの場合、SNS上での議論は「客観的な一般論に対して、主観的かつ個別側からの反論」というパターンをとる。具体の世界しか見えていない人には、抽象の世界の話は理解できないので、ただただ話をはぐらかされているとしか感じられない。だから、そうした苛立ちをぶつけるだけの発言が少なくないのだ。

本書を読む人が増えることで、社会の議論やコミュニケーションがより円滑なものになることを期待してやまない。

さらに深掘りしたい方はこちら

「忘れること」の重要性

『新版　思考の整理学』

（筑摩書房）

外山滋比古
文学博士、評論家

要点1 学校教育は、自力で飛び立てないグライダー人間ばかり生みだしてきた。だがこれからの時代で必要とされるのは、自力で飛び回れる飛行機人間である。

要点2 思考を整理するうえで、寝かせることほど大事なことはない。

要点3 本当にやるべきことは、ひとつのことだけに注力しているとなかなか見えてこない。

要点4 知識をいたずらに所蔵してはいけない。必要なもの以外は忘れてしまうべきだ。

要点5 深く考えず、とにかく気軽に書き始めたほうがいい。そうすれば道筋が見えてくる。

おすすめポイント

40年で280万部以上売れたロングセラー、それが『思考の整理学』である。毎年多くの学生が購入している本書であるが、たんなる学生向けの本とあなどるなかれ。ここには「思考」の本質が書かれている。

著者が本書で繰り返し説くのは「忘れること」の重要性である。忘却は人間に備わった大事な能力であり、「何を忘れて、何を覚えておくか」については各人の個性に委ねられている。

コンピューター時代に人間がサバイブするには、「選択的忘却力」を駆使していらない知識を手放し、想像力と創造力を発揮することだ――。なにせコンピューターは、人間より合理的で速くて正確で、はるかに高い記憶と再生に関する能力を持っている一方で、一度記憶した情報を〝忘れる〟ことができないという重大な特徴を持っているのだから。

著者が執筆当時に語っていたことだが、コンピューターをAIに置き換えてみても違和感がないのが不思議である。普遍的な本質をたずさえた本書がロングセラーである所以を、あらためて実感する。

「知」という営みに対する向き合い方を考えるうえで、まさに礎となる一冊である。

一読のすすめ

ＡＩ時代の到来にしたがい、これからはますます「考える」ことの重要性が高まってくるだろう。「自由に考えること」のむずかしさを痛感している人にこそ、ぜひとも読んでいただきたい名著である。

さらに深掘りしたい方はこちら

応用範囲無限大の読書術

『「読む力」と「地頭力」がいっきに身につく　東大読書』（東洋経済新報社）

西岡壱誠
株式会社カルペ・ディエム
代表取締役社長

要点1
東大読書のステップは次の通りだ。ステップ1：本を読む前に「装丁読み（本のカバーや帯から内容のヒントを読み取ること）」と「仮説作り」を行う。

要点2
ステップ2：記者になったつもりで著者に質問し、疑問を追求する「取材読み」で、論理の流れをクリアにする。

要点3
ステップ3：ポイントを要約し、次の展開を推測しながら読む「整理読み」で、一言で説明する力をつける。

要点4
ステップ4：複数の本を同時に読み、「検証読み」を実践することで、多面的な見方を身につける。

要点5
ステップ5：アウトプット重視の「議論読み（本に対する読者自身の意見を外に向けて発信しながら読むこと）」で本の内容をしっかり記憶に定着させる。

おすすめポイント

得た知識を記憶にしっかり定着させ、日々の業務で十二分に活かせるメソッドがあればどうか。そんな垂涎《すいぜん》ものの読書法を一挙公開したのが本書だ。

著者は、偏差値35から東大に合格し、暗記術やテスト術などの本を世に送り出してきた。成績向上のカギは、彼自身が編み出した「東大読書」にある。５つのステップを踏むことで、読解力も地頭力もみるみる向上し、情報を「使える知識」に変えられるという。

本書を読み進めるにつれ、本だけでなく人類が生み出した英知との「向き合い方」も学べる。

たとえば、ステップ２の「取材読み」では、著者に質問を投げかけながら能動的に本を読んでいく。また、ステップ４の「検証読み」では、同一テーマについて2冊の本を同時に読み、物事を多面的にとらえていくという。こうしたことから、自ら問いを立てて学ぶ姿勢、情報を批判的に読み解くマインドが、自然と身についていくにちがいない。その応用範囲は無限大といってよいだろう。

本書は読書術の枠を飛び越えた、本質的な「究極の知的生産術」である。しなやかな知性を手にし、ビジネスで成果を出すために、一生モノの「読み方」を身につけてはいかがだろうか。

一読のすすめ

読み込む力や地頭力は一朝一夕には身につかない。しかし、「東大読書」を実践すれば、一段も二段も深い理解と味わいを得られ、考える力が鍛えられていく。そしてあるとき、大きな飛躍を遂げられることだろう。ビジネスパーソンの必須スキルとして、「東大読書」をインストールしていただきたい。

さらに深掘りしたい方はこちら

やりたいこと＝好き×得意

『世界一やさしい「やりたいこと」の見つけ方　人生のモヤモヤから解放される自己理解メソッド』（KADOKAWA）

八木仁平
株式会社ジコリカイ
代表取締役

要点1

やりたいこと探しにまつわる「5つの間違い」が、やりたいこと探しを妨げている。すなわち、やりたいことについての、『「一生続けられること」でなければいけない』『「運命的な感覚」がある』『「人のためになること」でないといけない』「見つけるには『たくさん行動する』しかない」「やりたいことが『仕事』にならない」という間違いである。

要点2

著者の提案する論理的にやりたいことを見つけるための「自己理解メソッド」では、「やりたいこと」は「好きなこと」と「得意なこと」のかけ合わせであると定義している。ここに「大事なこと」を組み合わせることで、「本当にやりたいこと」になる。

要点3

「やりたいこと」を仮に決めたら、行動をする中で試行錯誤し、どんどん「本当にやりたいこと」に近づけていこう。

おすすめポイント

本書は、年間２００人もの「やりたいこと探し」をサポートしている著者が、やりたいことを見つけるためのメソッドをまとめたものだ。著者の提案する「自己理解メソッド」では、「好きなこと」と「得意なこと」をかけ合わせて「やりたいこと」を探していく。私たちは、「やりたいこと」ではなく、「好きなこと」ならばすぐに挙げることができるかもしれない。それゆえに、「好きなこと」＝「やりたいこと」のようにとらえて、「好きなこと」を仕事にしようと安易に考えてしまいがちになる。ここに落とし穴があるのだという。

本書のメソッドを使えば、誰もが終わらせたいと思いながらも、先延ばしにしてしまいがちな「やりたいこと探し」を今度こそ終わらせることができるかもしれない。自己理解メソッドでは、見せかけのやりたいことで自分を誤魔化すのではなく、本当に自分のやりたいことに向き合うことを目指している。そして、そのステップは非常に論理的だ。

やりたいことは「『好きなこと』を『得意なやり方でやる』こと」なので、自分が興味を持てる分野について、自然と人よりもうまくできてしまう「得意なこと」を見つけるようにする。そして、そこに自分にとって「大事なこと」、すなわち働き方を決めるうえで最重要となる「価値観」をかけ合わせると、「本当にやりたいこと」を見つけられる、という。

本書とともに、自分を理解し、本当にやりたいことに夢中な生き方を始めよう。

一読のすすめ

著者は「好きなこと」は、「役に立つから好きなこと」と「興味があるから好きなこと」の2種類に分かれるという。

このうち、仕事にすべきなのは後者だ。楽しくなければモチベーションを高く保つことは難しい。このように、人の感情を大切にした自己理解メソッドに共感する方は多いことだろう。

本書には、本物の価値観を見つけ出すための5つのステップ、得意なことを見つけ出すための5つの質問などのワークや、やりたいこと探しを終わらせるために自分の立ち位置を知る、自己理解実践ビジュアルフローチャートなども掲載されている。

本当にやりたいことに向き合いたいと思った方には、ぜひ本書を手にとってみていただきたい。

さらに深掘りしたい方はこちら

壁の中にいては学ぶことはできない

『バカの壁』

（新潮社）

養老孟司

解剖学者

要点1

本当は何もわかっていないのに「わかっている」と思い込んでしまうときに存在するのが「バカの壁」である。

要点2

人間の脳は、「出来るだけ多くの人に共通の了解事項を広げていく方向性」をもって進化してきた。

要点3

「情報化社会」では、変化しているはずの自己を、不変の「情報」だと規定してしまっている。だからこそ、人は「個性」を主張する。

要点4

身体を動かすことと学習とは密接に関係している。ある入力をした時の出力の結果によって次の出力が変化するからだ。しかし、その出力、身体は忘れられがちで、日本人は脳だけで動くようになってしまっている。

おすすめポイント

自分に都合が悪いことには耳を貸さず、情報を遮断する――。いつでもググって調べられる現代においては、自分の知りたい情報だけを知ろうとする傾向は強くなっているともいえるだろう。このような状態では、昔よりもさらに、「バカの壁」の中に入り込んでしまうのかもしれない。

「バカの壁」は、一つの視点や考え方に固執する一元論に起因すると著者はいう。キリスト教やイスラム教といった一神教は一元論に陥りやすい。その一方で、八百万《やおよろず》の神を祀ってきた日本はもともと多元的な視点を持っており、共同体としてともに助け合う傾向があったはずだ。

しかし、その日本でも一元化が進んでいるという。個人は考えることをやめてしまい、相互扶助の精神が失われた共同体は崩壊しつつある。現代は、誰もが高くそびえる「バカの壁」の中で、壁の向こう側があることも知らずに暮らしている状況なのかもしれない。

同じことを見聞きしても現実の捉え方は三者三様。それなのに、「自分が知りたくないことについては自主的に情報を遮断してしまっている」ことも、「自分たちが物を知らない」ことも、「客観的正しさを安易に信じている」ことも疑わなくなっている。そうした「バカの壁」の中にいては、物事を理解し学ぶことは難しい。

現代の教育の現場は教師まで「サラリーマン」化してしまい、生徒に物事を教える意欲を持ちにくくなっているという指摘には思わずうなった。解剖学者の視点から脳を研究してきた著者だからこそ、「身体」を忘れた学びの場の現状に、大きな危機感を抱いているのだろう。

本書を読むことで自分の中の「バカの壁」を取り払い、自分自身や社会の在り方を深く考え直すきっかけとしていただきたい。

一読のすすめ

本書を一読すると、著者は考えることをやめてしまった若者に警鐘を鳴らし、価値観を見失った社会そのものに危機感を感じていることがよくわかる。本書が出版された2003年当時と比較すると、令和の時代に突入した現代は、状況が悪化しているように思える。デジタルの世界がより身近に存在する現在は、当時よりはるかに「バカの壁」の中に入り込みやすいのかもしれない。本書では、著者が実際に教育の現場に立って肌で感じた、「バカの壁」の「うすら寒さ」が具体的にいくつも書かれている。ぜひ実際に本を手に取って著者の先見性を実感してほしい。

さらに深掘りしたい方はこちら

生き方を変える「思考の道具箱」

『Think clearly 最新の学術研究から導いた、よりよい人生を送るための思考法』

（サンマーク出版）

ロルフ・ドベリ
（安原実津訳）
作家、実業家

要点1

誰しも他人からよく思われたいと思うものだが、他人からの評価が自分の人生に与える影響は意外と少ない。他人の評価から逃れて、自分の納得のいく生き方を目指そう。

要点2

人は、「フォーカシング・イリュージョン」にはまりがちだ。特定の要素を過大評価しないよう、その要素から十分な距離を置いてみよう。

要点3

体験と思い出、どちらも大事だ。思い出づくりにばかり気をとられて、現在に目を向けることを忘れてしまえば、人生を本当に充実したものにすることはできない。

おすすめポイント

よい人生とはいったい何だろうか。作家であり実業家でもある著者は、その問いに「わからない」と答える。よい人生について考える本を書いているにもかかわらずだ。拍子抜けする方もいるかもしれないが、この答えはなんとも誠実ではないだろうか。

私たちは「よい人生」という言葉にたった1つの定義を求めがちで、それを達成するための原則や原理、法則があるような気がしてしまう。しかし実は、よい人生の究極の定義など存在しないのだ。著者はまずそのことを認めたうえで、本書で私たちが生きている世界を理解するための「思考法」を紹介している。著者の言葉を借りれば、本書は「思考の道具箱」だ。

著者は、自身が毎日実践しているという52の思考法を、自信を持ってすすめている。たとえば、人は誰かからの「好意」を受けるとお返しを義務と感じる「互恵的利他主義」に陥りやすく、それがゆえに頼みごとをされると断りづらさを感じる。そこで、ウォーレン・バフェットのビジネスパートナーであるチャーリー・マンガーが実践している「5秒決断ルール」を真似てみようというのだ。5

秒で決めるとなるとほとんどの要求には「ノー」と答えることになるだろうが、それでチャンスを逃すことはあまりないそうだ。

思考法の出典は大きく分けて、ここ40年の心理学研究の成果、ストア派の思想、投資関連書籍の3つだ。そして、これらの思考法で「『人生が絶対うまくいく』と約束はできないにしても、間違いなくあなたの人生がうまくいく可能性を高めてくれるはずだ」と、これまた誠実な呼びかけをしている。

時代はますます速く変化していく。そんな時代だからこそ、私たちは目の前にあるたった1つの答えに飛びつきがちだ。しかし、たった1つの要素だけでは、私たちの住む世界は理解できないのかもしれない。本書の思考法は、「自分にとってよりよい人生を生きること」を考える手助けをしてくれることだろう。

一読のすすめ

本書のポイントは、よい人生の明確な定義や、それを達成する唯一の条件を提示しようとするのではなく、日常で実践できる、人生をよりよくするための思考法が指南されている点である。本書で紹介されているアドバイスは、「解決よりも、予防をしよう」「読書の仕方を変えてみよう」「世界を変えるという幻想を捨てよう」など、どれも読者にとって有用なものばかりだ。ぜひ、通読することをおすすめしたい。

さらに深掘りしたい方はこちら

固定観念を突き崩すパイオニア組織

『ティール組織

マネジメントの常識を覆す次世代型組織の出現』

（英治出版）

フレデリック・ラルー（鈴木立哉訳、嘉村賢州解説）

エグゼクティブ・アドバイザー

要点1

人類の意識の発達とともに、新しい組織モデル、進化型（ティール）組織が登場している。進化型組織は、人々がエゴから自己を切り離し、内的な判断基準に従っているという点で、既存の組織モデルと大きく異なっている。

要点2

進化型組織のリーダーの多くは、自分の組織を「生命体」ととらえている。生命のように、中央からの指揮や統制なく、進化に向けた全体性や複雑性を備えた生態系を維持する存在をイメージしているからだ。

要点3

進化型組織は、「自主経営（セルフ・マネジメント）」「全体性（ホールネス）」「存在目的」という３つの突破口を開いている。

おすすめポイント

人々の可能性をもっと引き出す組織とはどんな組織なのか。どうすればそれが実現できるのか。

こうした問いが本書の核心となる。タイトルの通り、ティール（青緑）の優しい色合いの表紙に導かれるようにページをめくると、組織の固定観念を突き崩すような、パイオニア組織の事例が次々と目に飛び込み、釘付けになる。同時に、こうした実例から抽出された、組織構造や慣例、文化に関する骨太の理論が展開されていく。

進化型組織が開く３つの突破口とは「自主経営（セルフ・マネジメント）」「全体性（ホールネス）」「存在目的」だ。

「自主経営」は「階層やコンセンサスに頼ることなく、仲間との関係性のなかで効果的に機能するシステム」を指す。

「全体性」とは、職場でも自分の情緒・直感・精神性や弱さをさらけ出せること、「同僚や組織、社会との一体感をもてる風土」を意味する。

そして「存在目的」とは、「組織自体が何のために存在し、将来どのような方向に向かうのか」ということだ。

個人にとっては、自分の存在目的を考えることが出発点かもしれない。ぜひ本書を手に、探求の旅に出かけてみていただきたい。読者のみなさまが、自分と組織の可能性が開かれる瞬間に立ち会えることを心から願う。

一読のすすめ

進化型組織の原則と慣行は、組織の大小にかかわらず採用できる。地理的条件や文化的背景もさほど重要なファクターではないという。現に日本の企業（オズビジョン）の事例も取り上げられている。ただし、「助言プロセスから導入しよう」というように、組織慣行の一部だけを変えても、進化型組織へと変容できるわけではないことに留意したい。

著者、解説者の限りなく真摯で実践的なメッセージに耳を傾けるにつれ、新たな気づきや探求したいテーマが立ち上がってくるはずだ。働き方改革の議論においても、「そもそも、この組織の目的を成し遂げるために何が必要なのか」という視点に立つことが重要ではないかと、要約者は改めて感じている。情熱的で活力あふれる組織づくりへの使命感に駆られた方々に、この希望の書をぜひともお読みいただきたい。

さらに深掘りしたい方はこちら

5つの「因子」で自分を正しく理解する

『宇宙兄弟とFFS理論が教えてくれる あなたの知らないあなたの強み』（日経BP）

古野俊幸
株式会社ヒューマンロジック研究所代表取締役

要点1
幸せに生きている「成功者」の共通点は、自分の特性を理解したうえで、強みを活かし、弱みは仲間と補いあっていることだ。

要点2
FFS診断を受けると、「凝縮性」「受容性」「弁別性」「拡散性」「保全性」の5つの因子とストレス状態が数値化され、自分の個性に影響を与えている因子を特定することができる。

要点3
日本人に多い「保全性」が高いタイプは、最初の一歩を踏み出しづらい一方で、一度やると決めるとコツコツ努力し、成功体験を積みながら成長できる。

おすすめポイント

より良い対人関係を築かせ、その中で従業員を成長させようと、多数の企業で採用されているＦＦＳ診断。診断を受けたことがある方も多いのではないだろうか。

ＦＦＳ理論は、５つの「因子」の組み合わせで人の思考行動パターンを解説し、自己理解・他者理解・組織理解を促進しようとするものだ。ＦＦＳ診断を導入して、メンバーの自己理解・他者理解が進み、チーム編成のときにも異なる個性の人同士が協力できるようになるなど、その効果を実感している組織も多いようだ。そんなＦＦＳ理論に人気コミック『宇宙兄弟』を組み合わせることで、理論をよりわかりやすく解説していくことが本書のねらいだ。

作者である小山宙哉氏の観察眼が光っているのか、『宇宙兄弟』にはさまざまな因子の影響が強い、異なる個性を持った人物たちの成長がリアルに描かれている。キャラクターの個性やその組み合わせを通してＦＦＳ理論を見れば、各因子の特徴をより深く理解することができるだろう。作中の名場面に絡めた解説は、『宇宙兄弟』ファンにはもちろん、作品を知らない人にもわかりやすいように作られており、どんな人でも楽しく理論を学べるはずだ。

たとえば日本人に多いとされている因子の「保全性」は、「維持しながら積み上げる力」を指し、計画を立てるコツコツ型、協調を重んじるタイプが多い一方で、安全第一でなかなか行動できないこともあるという特徴をもつ。『宇宙兄弟』の主人公・ムッタも、目標に向かって確実に進んでいく点で保全性の高い人物だという。

幸せな人生は正しい自己理解から。そんな本書の信念に、『宇宙兄弟』とともに触れてみてはいかがだろうか。

一読のすすめ

実際の書籍ではすべての因子について掘り下げられ、人間関係の中で生まれる摩擦や相乗効果についてもさまざまな因子の組み合わせで解説されている。

本書には袋綴じのアクセスコードが付属しており、読者は『宇宙兄弟』バージョンのＦＦＳ診断を受けられる。診断を受けてから通読すれば、自分にあった解説を読んで、より理解を深めることができるだろう。ＦＦＳ診断に興味を持たれた方は、本書を手に取ってみてはいかがだろうか。

さらに深掘りしたい方はこちら

相手を説得し、期待する反応を得る

『ロジカル・シンキング　論理的な思考と構成のスキル』

（東洋経済新報社）

照屋華子、岡田恵子

照屋華子：元マッキンゼー・アンド・カンパニー、コミュニケーション・スペシャリスト
岡田恵子：元マッキンゼー・アンド・カンパニー、コミュニケーション・スペシャリスト

要点1
相手に納得してもらう説明をするためには、「課題」「答え」「相手に期待する反応」が明確でなければならない。

要点2
話の重複・漏れ・ずれをなくし、伝え手の結論を相手に自然に理解してもらう技術を「MECE」と呼ぶ。MECEは、大きな重複や漏れ、ずれがないと思える議論の土俵を明快に示し、そこに相手を乗せ、理解を促す。

要点3
伝え手の言いたい結論と根拠、結論と方法とのつながりを、相手に難なく理解してもらうには、「So What?/Why So?」（課題に対して重要なエキスを抽出する作業／要素の妥当性が手持ちの情報や材料で証明できるかを検証する作業）の技術が重要となる。

おすすめポイント

ビジネス上のコミュニケーションにおいては、顧客や取引先、株主、上司、部下などの多様な利害関係者に対し、自分や組織の考えをわかりやすく伝えて、納得を引き出し、彼らを巻き込んで成果を生み出すことが求められる。そのときの有効な手立てが、論理的なメッセージを伝えて、相手を説得し、期待する反応を得る「ロジカル・コミュニケーション」だと著者たちは述べている。この重要性には誰もが頷くものの、体系立った、シンプルで再現性のある論理的思考の技術を学ぶ機会がない、という人も少なくないだろう。

本書には、マッキンゼーのエディターとしての著者たちの経験から紡ぎ出された、論理的にメッセージを伝えるためのポイントが凝縮されている。そのポイントとは、話の重複や漏れ、ずれをなくす技術「ＭＥＣＥ」と、話の飛びをなくす技術「So What?/Why So?」だ。

たとえば「So What?/Why So?」であれば、3つの要素があったとき、それらの要素から導き出せるのは「結局どういうことなのか？」を問うた結果がXであるなら、逆に「なぜXと言えるのか?」の答えはもとの3つの要素しかない、という背中合わせの関係をつくれているかが鍵となる。それが実現していれば、ほかの要素やデータ、テーマの話に飛ぶことはないというわけだ。

そうした技術を習慣づけることによって、論理的思考力・表現力が飛躍的に向上するはずである。また、実践に即した例題とその解答例、より応用度の高い練習問題が数多く掲載されているので、「学んで終わり」から一歩も二歩も先に進むことができるはずだ。

論理的な思考力・表現力の土台を身につけたいと考える新入社員や若手社員、ロジカル・シンキングが体得できているかおさらいしたい方に、本書をおすすめしたい。

一読のすすめ

ここで取り上げたのは、本書の一部であり、他にも「論理パターンの2つの基本型(並列型と解説型)」など、論理的な思考力・表現力を養うための方法が、わかりやすい具体例とともに丁寧に提示されている。また、図表を使って論理的に説明する練習など、多数のトレーニングが収録されている。本書を熟読した後に、ぜひこれらの問題に取り組み、ロジカル・コミュニケーションの勘所を押さえてほしい。

さらに深掘りしたい方はこちら

「深化」と「探索」を促すリーダー

『両利きの経営（増補改訂版）「二兎を追う」戦略が未来を切り拓く』（東洋経済新報社）

チャールズ・A・オライリー、マイケル・L・タッシュマン（入山章栄監訳・解説、冨山和彦解説、渡部典子訳）

チャールズ・A・オライリー：スタンフォード大学経営大学院教授
マイケル・L・タッシュマン：ハーバード・ビジネススクール名誉教授

要点1

組織が成長し続けるためには、既存事業の改善を極める「深化」と、新規事業に挑戦する「探索」を、同時に推し進める「両利きの経営」が必要だ。

要点2

「探索」を成功させるには、アイディアの種を見つけるアイディエーション、芽を育てるインキュベーション、事業を大きくするスケーリングの3つの段階すべてが重要だ。

要点3

「両利きの経営」を成功させるうえでリーダーに必要なのは、戦略的意図を持つこと、積極的に探索を支援すること、適切な組織構造を設計すること、共通のアイデンティティを醸成することである。

おすすめポイント

アップルのiPhoneはそれまでの携帯電話を駆逐した。ネットフリックスの動画配信サービスがDVDレンタル会社を苦境に立たせ、アマゾンのインターネット書店が実書店に壊滅的な打撃を与える――。新興企業によるイノベーションが、絶好調だった企業を窮地に陥れる例を、私たちはいくつも知っている。

ここで疑問が湧く。それまで成功していた組織は、優れたリソースを持っているにもかかわらず、なぜイノベーションを起こせないのか。どうすれば組織は持続的に成長できるのか。

これらの疑問に答えを示すのが、イノベーション研究の最前線を行く二人の研究者が執筆した本書だ。既存の事業を深めていく「深化」と、新しい事業を開拓する「探索」。両者を同時に推進するのが「両利きの経営」であり、中核事業を維持しながら新たな成長を追求する。

その命運を最終的に握るのはリーダーシップだ、と著者らは書く。

リーダーの条件は4つある。

戦略的意図に基づくこと、積極的に新規事業を支援すること、探索部門と深化部門を全く異なる組織として切り分けること、そして、その両部門が共通の価値観と組織文化を持てるようにすることだ。

世界の不確実性が強まる今、「両利きの経営」の重要性はますます高まっている。未来を切り拓くための視点を授けてくれる本書は、リーダー層はもちろん、すべてのビジネスパーソンが読むべき一冊といえる。

一読のすすめ

本書のページ数は500ページを超える。読み進めるにつれ、両利きの経営の理論的枠組み、組織文化を戦略的に醸成する方法、リーダーに求められるスキルとマインドセットについて、実践的に学ぶことができる。

また、本書が取り上げる成功例や失敗例は、老舗大企業からスタートアップまで、小売から宇宙航空事業まで、アメリカから中国、インド、日本までと、組織形態・業界・地域の面で非常に多様だ。解説者の冨山和彦氏が指摘するように、誰もが自分の組織と関連づけて、重要な教訓を引き出せるだろう。DXやGX

（グリーントランスフォーメーション）が進むなか、「二兎を追う」戦略が未来を切り拓くカギになるはずだ。

さらに深掘りしたい方はこちら

日本的経営のもつ強み

『知識創造企業』

（東洋経済新報社）

野中郁次郎、竹内弘高
（梅本勝博訳）
野中郁次郎：
一橋大学名誉教授
竹内弘高：ハーバード・
ビジネススクール教授

要点1
日本企業は「暗黙知」の重要性を理解し、それを「形式知」に変換することを得意としている。

要点2
知識を創造するうえで、メタファーや知識の共有、冗長性といったものが、大きな役割を担っている。

要点3
社内情報のタテにもヨコにも通じているミドル・マネジャーこそが、知識マネジメントの中心にいるべきである。

要点4
官僚制的な組織構造とタスク型の組織構造の両方を併せもち、そこから創られた知識を蓄積する仕組みを備えた企業こそ、変化の激しいこれからの社会に適応できる。

おすすめポイント

本書は、日本の経営学者から世界に向けて発信され、経営理論の新天地を切りひらいた金字塔的な一冊である。

著者たちは長年にわたってグローバルに企業経営を観察してきた結果、日本的経営に普遍的な原理があることを発見した。それは、「組織的知識創造」と呼ばれるものであり、西洋における「知識」のとらえかたからはまず出てこない仕組みであるという。

本書は、西洋的経営の伝統に根ざした明白で体系的な「形式知」と、言葉や数字には表れない「暗黙知」という2つの「知」の方法論を区別する。そして、有能なトップ・マネジャーからの明快な指示によるトップダウン・マネジメントは形式知を扱うのに向いている一方で、従業員の成長を無視していることを指摘する。かといって、フラットで自律的なボトムアップ・マネジメントでは、暗黙知の処理は得意であっても、組織全体に暗黙知を共有していくことは不得手だ。そこで著者らは、ミドル・マネジャーが社内の知識のハブとなるミドル・アップダウン・マネジメントを提唱している。その光となるのが、暗黙知から形式知への転換を得意とする日本企業のあり方というわけだ。

著者たちは、システムや組織は常に自己革新しつづけなければならないと前置きしつつ、日本企業のあり方にこれからの社会の希望を見出している。その洞察の鋭さや緻密さについては、刊行当時の『エコノミスト』誌が「知識が唯一意味のある資源だというピーター・ドラッカーを超える知識創造の理論が日本から出てきた」と述べているように、いまなおまったく色褪せていない。

本書を読みおえるころには、日本がもつ企業文化の強みを再発見し、これからの企業のあり方について、ひとつの確固たる解答を見出すことができるようになるだろう。

一読のすすめ

本書は、日本を代表する経済理論家たちによる重厚な理論書であると同時に、「よい理論ほど実際的なものはない」という言葉を体現する、きわめてプラクティカルな内容となっている。
大局的な視点からビジネスをとらえたいのであれば、必読書といっても過言ではない一冊だ。

さらに深掘りしたい方はこちら

効率・戦略の重要性を説く古典

『新訂　孫子』

（岩波書店）

金谷治訳注

要点1

本書では、戦わずして勝つことが最上と主張され、戦争を奨励してはいない。しかし、いざ戦争となったとき、いかにして自国の被害を最小限に抑え、同時に大きな利益をあげることができるかが考察されている。

要点2

この目的を達成するためには、敵を知り自軍を知ったうえで、冷静に状況分析をすることが必要になる。そして、自軍が戦いにおいて主導権を握れるような戦略を立てる。戦術の極致は、敵に自軍の形を見せず、相手が備えることを不可能にすることである。

おすすめポイント

本書は古代中国の兵法書として名高い一冊で、紀元前から長年にわたり広く読み継がれている、まさに大古典である。戦争における現実認識の重要性と戦略の必要性を伝えるこの本は、現代においては経済の分野で戦うビジネスパーソンのバイブルとなっている。経営者の必読書とされることもしばしばである。


この中で述べられる内容には大きく3つの特徴がある。

まず第一に、戦争の方法について書かれた本でありながら、戦争を非効率的であると考えていることが挙げられる。つまり、戦わずに勝つことが最上とされる。

そして次に、冷静な状況把握が徹底されている点もポイントである。負けないために何が必要なのかを現実に立脚しながら考えている。

最後に、徹底した戦略重視のスタンスが貫かれている。スパイの重要性について述べる段はその典型である。

以上のように、いかに効率的に勝利を引き寄せるかが説かれている本書は、現代においてもまったく古びない価値を持っている。一読すれば、経営戦略の原型のほとんどがここにあることに気付くであろう。

この決して分厚いわけではない一冊を読みこなし、自分のものにすることができれば、それだけでいま巷を賑わしている何冊もの本の核心を一挙にものにできるに等しい。

本書は訳文も平易であり、丁寧な注釈もついている。解説書を手に取る前に、ぜひこの原典に挑戦してほしい。きっと想像力を刺激されるに違いない。

一読のすすめ

本書に目を通せば、ここで示されている考え、行動の指針が多くの場面に応用できると分かるだろう。

ビジネスパーソンにとっては既に定番の一冊であり、それゆえに解説本も多く出版されているが、原典を読んだことのある人は意外に少ないのではないだろうか。

だが原典にはやはり深い味わいがある。

原文、書き下し文、注、現代語訳がコンパクトにまとまった本書をぜひとも座右の書としてほしい。

さらに深掘りしたい方はこちら

購買意欲の根本にあるもの

『ジョブ理論 イノベーションを予測可能にする消費のメカニズム』

（ハーパーコリンズ・ジャパン）

クレイトン・M・クリステンセン、タディ・ホール、カレン・ディロン、デイビッド・S・ダンカン（依田光江訳）

クレイトン・M・クリステンセン：経営学者
タディ・ホール：リッピンコット社のシニア・パートナー
カレン・ディロン：ハーバード・ビジネス・レビュー誌の元編集者
デイビッド・S・ダンカン：イノサイト社のシニア・パートナー

要点1 顧客の目的はプロダクト／サービスの購入ではなく、自分自身の「進歩（プログレス）」である。

要点2 顧客の「片づけるべきジョブ」が何かを見極めるためには、プロダクト／サービスの機能面だけでなく、感情や社会に与える影響についても深く考察しなければならない。

要点3 プロダクト／サービスを「雇用」してもらうためには、それまでのものを「解雇」させる理由が必要だ。

要点4 あくまで顧客の抱えている「片づけるべきジョブ」を中心に、ブランドを育てていくべきである。カテゴリにとらわれてはならない。

おすすめポイント

主要著者のクレイトン・M・クリステンセン氏は、生前ハーバード・ビジネススクールの教授を務め、「破壊的イノベーション理論」の提唱者として知られる。その彼が10年以上もの歳月を費やし、新たに打ち立てたのが、「ジョブ理論」だ。

この理論の最大の特徴は、消費者によるプロダクトの購入を、「ジョブ（用事、仕事）を片づけるものの雇用」と見なすところにある。そのプロダクトがジョブをうまく片づけてくれたら、次に同じジョブが発生したときも同じプロダクトを「雇用」したくなるし、そうでなければ「解雇」したくなるというわけだ。

こう書くと、たんに親しみやすいメタファーに置き換えただけのように思えるかもしれない。しかし本書を読めばすぐに、この理論がきわめて実践的なビジネスツールだとわかるはずである。本書が明らかにするのは、ジョブを特定し「雇用」してもらいつづけるため、すなわちプロダクトを買いつづけてもらうための原則だ。たとえば、「片づけるべきジョブ」を自分の生活から探すことや、人がやりたがらない「否定的ジョブ」に着目することである。身近な生活は市場調査よりも雄弁であるものだし、やりたくないジョブを避けられるものがあれば人びとは喜んでそれに飛びつくはずだ。こういったことは、それまでの「ニーズ」に基づく分析では見えてこなかったものなのである。ジョブ理論というレンズは、今までよりも色鮮やかで生き生きとした世界を映し出してくれる。そしてそこから生まれるイノベーションも、色鮮やかで生き生きとしたものとなるにちがいない。

一読のすすめ

本書は大きく3パートに分かれている。ジョブ理論の概説を主とする第1部と、実践について述べた第2部、そして、「片づけるべきジョブ」を重視することで、組織やリーダーシップにどういった影響が出るのかが語られている第3部だ。くわえて、覚えておきたいポイントとして「章のまとめ」、さらには自分の組織について問うべき項目も載せられている。ここまで実践的かつユーザーフレンドリーな理論書もなかなかないだろう。ビジネスに携わる者であれば、一読しておくべき名著だ。

さらに深掘りしたい方はこちら

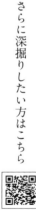

第5章

お金

経済的自由を得るための力

『本当の自由を手に入れる お金の大学』

(朝日新聞出版)

両@リベ大学長

投資家

要点1

経済的自由とは、生活費を資産所得が上回る状態を達成することだ。生活費を下げ、資産所得を増やすには「お金にまつわる5つの力(貯める力、稼ぐ力、増やす力、守る力、使う力)」をバランスよく育てる必要がある。

要点2

人生の6大固定費(通信費、光熱費、保険、家、車、税金)を見直すことで、お金を「貯める力」を身につけることができる。

要点3

お金を「稼ぐ力」で特に重要となるのが、自分の事業でお金をもらう「事業所得」を増やすための副業だ。

要点4

「稼ぐ力」を鍛えて得たお金で、「お金のなる木」を購入して「増やす力」を手に入れよう。初心者へのおすすめは株価指数等に連動したインデックスファンドだ。

おすすめポイント

アメリカのカリフォルニア大学とドイツのマックス・プランク研究所の調査では、日本で２００７年に生まれた子どもの半数が１０７歳まで生きると推計されている。そのような人生１００年を見据える時代において、我々はいったい何歳まで働かなくてはならないのだろうかと不安になる。

本書は、ＹｏｕＴｕｂｅチャンネル登録者数２６４万人、動画再生回数７億回超え（2024年8月1日時点）と、ＳＮＳを中心に熱狂的な支持を得ている著者が、労働に縛られる多くの日本人に「自分の人生＝自由な時間」を取り戻してほしいと願い、執筆したものだ。

著者は、この資本主義社会において「お金なくして自由なし！」、つまり、自由な時間を手に入れるには「経済的自由」を達成することが最も重要なことだと熱弁をふるう。

そのためには、

「貯める力」

「稼ぐ力」

「増やす力」
「守る力」
「使う力」
という「お金にまつわる5つの力」をバランスよく育てていく必要があるというのだ。

お金を貯めるには、「1回の支出よりも固定費を見直す」「金額が大きな支出から見直す」の2点に注意することが重要だという。

固定費のなかで大物とされる「家」については、「リセールバリューの高い家を買えるならマイホームがお得だが、選ぶ自信がない人は賃貸が得」とシンプル。ただし、リセールバリューの高い優良な物件を素人が購入するのはほぼ不可能なので、経済的自由を目指すなら「賃貸に住む」のが王道だという。

本書ではこのようにわかりやすいアドバイスが図表とともに紹介されている。軽い読み物を読んでいるような軽快さで、いつの間にか「経済的自由」を手に入れるためのマネーリテラシーが身についているはずだ。

一読のすすめ

本書には、10代で起業し、さまざまな失敗や成功を繰り返してきた著者ならではの「お金」に関する知識が凝縮されている。副業や投資の失敗例、投資で増やしたお金の取り崩し方など、知っておきたい知識が満載だ。

さらに深掘りしたい方はこちら

投資の「基礎中の基礎」を教えてくれる

『株・投資信託・iDeCo・NISAがわかる　今さら聞けない投資の超基本』（朝日新聞出版）

泉美智子
（奥村彰太郎監修）
子どもの環境・経済教育研究室代表

要点1
教育資金、住宅資金、老後資金は人生の三大資金と言われる。それぞれに見合った対策が求められ、自身のライフプランを考慮した資産形成が基本となる。

要点2
運用には「増やす」「守る」「備える」の3つの目的に合わせた商品選択が必要だ。増やすには収益性がメイン、守るには安全性がメイン、備えるには流動性がメインとなる。

要点3
投資や運用には、銀行預金、株式や債券など幅広い商品がある。投資可能額やライフプランを踏まえ、バランスよく組み合わせることが大切だ。

おすすめポイント

人生には大きなお金が必要となるポイントが3つあるという。教育資金、住宅資金、老後資金だ。

備えるための手段はさまざまにあるが、預貯金は過去に類を見ない超低金利が長く続き、貯めることはできても増やすことは容易にできない。そこで登場する考え方が投資だ。

株式や投資信託、不動産やFXや仮想通貨などの投資商品に興味はあるものの、どうやればいいのか分からない……。そんな方におすすめしたいのが本書だ。「今さら聞けない」という題名の通り、本書は投資の基礎の基礎から丁寧に説明しており、立場やライフステージに応じたシミュレーションや図解がふんだんに盛り込まれている。

たとえば、どの株を買ったらいいか見当もつかないという人には、食品やファッション、旅行や自動車といった、身近で興味がある業種の企業を選択してみることをすすめている。

そこから、事業内容や業績、株価動向、株主優待といった情報を追っていく。

企業研究に役立つのは企業のIR情報、新聞記事、会社四季報だ。配当金や株主優待は権利確定日に株を保有していないと受け取れないので、購入前に権利確定日を確認しておこう。

この本では幅広い商品が網羅されているので、投資経験者にも参考になるところは大きいだろう。

一読のすすめ

本書は図解や運用シミュレーションの事例が満載なので、具体的なイメージがしやすい。随所に「プラスα」や「Q&A」といった豆知識がちりばめられ、ちょっとした疑問を解消できる点も親切だ。

投資未経験の方は、いきなり投資を始めるのではなく、事前にある程度の知識を学び、理解を深めておくほうがよい。そうすれば、初歩的な失敗をする確率がぐんと下がるはずだ。

投資に関する税制や手数料などもまとめられており、参照性が高く、経験者にも役立つ情報が充実している。ぜひ実際に手に取ってみていただきたい。

さらに深掘りしたい方はこちら

資本主義の欠点を補う価値主義とは

『お金2.0 新しい経済のルールと生き方』（幻冬舎）

佐藤航陽
株式会社スペースデータ
代表取締役社長

要点1
シェアリングエコノミー、仮想通貨やブロックチェーンを駆使したトークンエコノミー、評価経済は、分散化という潮流の一部である。大きな規模で成功したトークンエコノミーが、ビットコインだ。

要点2
自動化と分散化が進むにつれ、「自律分散」のモデルが多くの産業のビジネスモデルを覆し、次世代の成功モデルになることが予測される。

要点3
お金などの資本に変換される前の「価値」を中心とした経済システムの考え方を「価値主義」と呼ぶ。今後は価値主義が普及し、複数の経済システムが並存していく。

おすすめポイント

2016年後半からビットコインが日本でも急速に普及し、お金や経済のあり方に新たな潮流が生まれていることは明らかだ。そんな中、評価経済の台頭を象徴するように、個人の価値を交換できるVALUや、時間を売買できるタイムバンクといったサービスが話題を呼んだ。このタイムバンクを生んだ佐藤航陽氏が、資本主義の「先」にある世界を語り尽くすのが本書だ。

著者は、資本主義の欠点を補う考え方として、価値を軸として社会が回っていく「価値主義」という枠組みを提示する。企業の競争優位性の源泉となる「人材」や「データ」の価値は財務諸表に反映されていないし、グーグルのようにお金には換算できない「価値」を中心に回る会社が急成長を遂げている。したがって、お金などの資本に変換される前の「価値」を最大化する「価値主義」のあり方が今後は重要になるというのだ。ここでいう「価値」とは、資本主義的な「有用性としての価値」、愛情や共感、信頼などの「内面的な価値」、社会全体の持続性を高める「社会的な価値」の3つを指している。後者2つの価値をテクノロジーによって可視化し、資本主義の問題点をカバーする概念として、価値主義が提示されているのだ。

新たなパラダイムのもとで、私たちはどのような働き方やビジネスモデルを考え、試行錯誤すべきなのか。新しい経済システムが複数共存する世界への旅路はまだ始まったばかりである。その序幕を本書で存分に楽しんでいただきたい。

一読のすすめ

お金の正体をつかみ、より良い社会の仕組みを自らの手でつくる――。こうしたビジョンをもとに、著者は事業を通じて、数億人分の膨大な行動データとお金の流れを分析してきた。そうしてあぶり出された普遍的な経済のメカニズムの解説は、極めて革新的で実践志向である。仮想通貨やブロックチェーン技術のようなテクノロジーの発展と、新たな経済システムの台頭が結びつけられ、既存の価値観がガラッと転換されていく様は痛快そのものだ。テクノロジーの最前線と実社会での活用の断絶を埋めてくれる、まさに現在求められている一冊といえる。

まずは、これまでの常識を脇に置いて、新たな時代の思考法をインストールしていただきたい。人間と社会の本質と向き合い、未来を見通すためには、迷わず本書を読むべきだ。

さらに深掘りしたい方はこちら

資産形成における普遍の真理

『バビロン大富豪の教え 「お金」と「幸せ」を生み出す五つの黄金法則』（文響社）

ジョージ・S・クレイソン（楡井浩一訳）
実業家

要点1
稼ぎの十分の一を貯蓄したとしても、暮らし向きは少しも悪くはならない。それどころか以前よりお金が流れ込んでくるようになる。

要点2
貯《たくわ》えたお金を働かせることで、絶え間なく定期収入が入ってくる富の流れを生み出すべきだ。

要点3
「なんとなく金持ちになりたい」と願う人は、目的意識を欠いている。一方で「金貨を五枚得たい」と願う人は、その明確な願望を達成すべく努力する。

要点4
黄金の扱いに秀でた者の助言に熱心に耳を傾ける持ち主から、黄金が離れることはない。

おすすめポイント

普遍の真理が書かれた一冊だ。

本書は100年近くも読み継がれており、資産形成の心構えを書いたものとしては古典にあたる。説かれている内容は、以下のように要約できる。

「得た稼ぎの十分の一を何が何でも貯金し続ける。お金が貯まったら適切なアドバイザーの助言も得て堅実な投資を実践していく。するとお金がお金を生む状態となり定期収入が入ってきて金銭的な成功に近づく」――きわめてシンプルではないか。

本書で言われている、

「収入の十分の一を貯金せよ」
「欲望に優先順位をつけよ」
「貯えた金に働かせよ」
「危険や天敵から金を堅守せよ」
「住まいをわがものとせよ」
「今日から未来の生活に備えよ」

「自分こそを最大の資本にせよ」

という7つの「道具」はシンプルであるがゆえ、スッと頭に入ってきやすい。当たり前のように感じるかもしれないが、これこそ身を救ってくれる教訓である。資産形成に興味のある人に強くおすすめしたい。

一読のすすめ

お金持ちになる人、ならない人を分けるのは何なのか。色々と要因は挙げられるだろう。しかし本書を読むと、資産形成においてマインドや習慣がいかに大切なのか、あらためて思い知らされる。特に本文中で何度も出てくる「奴隷」という言葉はいささか衝撃的で、いま自分がお金の奴隷になっていないかどうか、振り返る契機にもなるだろう。

本書に従って行動を律することができれば、そうそう金銭面で困ることはなくなるだろう。お金は私たちの生活の基盤となる、必要かつ重要なシステムである。

お金との正しい向き合い方について、しっかり学ぶ必要があるのは言うまでもない。

お金に関するひとつのクラシックとして、一度はお読みいただきたい一冊である。

さらに深掘りしたい方はこちら

お金の見方が鮮やかに変わる

『きみのお金は誰のため ボスが教えてくれた「お金の謎」と「社会のしくみ」』

（東洋経済新報社）

田内学
お金の向こう研究所代表

要点1

ボスは優斗に3つの謎をつきつける。その1つがお金自体には価値がないというものだ。しかし優斗はなかなか信じられない。そんな優斗にボスはトランプを使って、ただの紙切れが価値を持つ瞬間を見せるのだった。

要点2

お金の価値を知ると同時に、優斗はお金が人と人をつなげていることを知る。お金の先には必ず誰かの働きがある。お金のおかげで人々は支え合っているのである。

要点3

一見、お金があれば何もかも解決できてしまうような気がする。しかし、ボスはお金に物事を解決する力はないと説明する。お金そのものは無力だ。優斗はそのことに納得することになる。

おすすめポイント

お金とは一体何なのだろうか。汗水流して手に入れた一万円札。それ自体はただの紙切れのはずだ。なぜこんなものをもらって、人は喜ぶのだろうか。よくよく考えれば、私たちはお金について知らないことが多い。いや、自分がお金について無知なことすら気づかずに生きている。

本書は、我々がお金に対して抱いている誤解を解くところから始まる。お金にまつわる過大評価や幻想をいとも鮮やかに振り払うのだ。

物語は主人公である優斗が、「ボス」からお金に関する講義を受けることで進んでいく。経済や金融の前提知識は必要ない。中学生の優斗と同じ目線で、身近でわかりやすい例を通してお金への理解を深めることができる。

紙幣は5年も使うとボロボロになり、毎年30兆円分も燃やされているという。本当に紙幣そのものに価値があるのなら、古い紙幣をそのように扱う理由はないはずだ。

また、このような話もある。１つのドーナツと１００万円の札束、問題を解決できるのはどちらか。思わず１００万円と言いそうになるが、軟禁状態で空腹を抱えているとしたら、明らかにその問題を解決するのはドーナツのほうだ。それに、誰もいない無人島に行く場合も札束にはなんの力もない。

「お金自体には価値がない」

そう言われてもすぐには納得できず、異を唱える人が多いはずだ。詭弁だ。きれいごとだ。現実を見ろ。そんな言葉が脳裏を掠めるのも無理はない。しかし、本書を読み終わったらきっとこう思うはずだ。

「たしかに、お金に価値はない」

それほど本書は華麗に新たな視点をもたらしてくれる。お金は大事だ、お金がたくさん欲しいと思っている人にほど、本書をおすすめしたい。

一読のすすめ

優斗がお金について理解を深める一方で、物語も進んでいく。優斗の進路、七海が屋敷に来た理由、ボスの正体など、物語にも気になる点はたくさんある。会話にちりばめられた伏線が終盤に回収されていくさまを見るのも本書を読む際の楽しみの一つだ。お金について深く知ったとき、物語の核心にも触れることになるだろう。

本書の後半では皆で共有する未来をどう描くかに焦点が当てられる。本書を通読して物語の行方を見守りながら、未来を共有する意味について考えてみてもらいたい。

さらに深掘りしたい方はこちら

お金はよき人生のために

『DIE WITH ZERO 人生が豊かになりすぎる究極のルール』

（ダイヤモンド社）

ビル・パーキンス
（児島修訳）

SynMaxの創業者・プレジデント

要点1

喜びを先送りにしてはいけない。限られた時間の中で幸福を最大化するためには、人生の早いうちに良質な経験をすることが大切である。

要点2

どんな金持ちも、あの世にお金は持っていけない。だからこそ死を意識し、「ゼロで死ぬ」を実践すべきだ。

要点3

人生をよりよいものにするには、お金、健康、時間という人生の3大要素のバランスを、いかに取るかが重要になる。

要点4

物事には賞味期限がある。そのチャンスを逃さないためにも、大胆に行動すべきだ。「リスクを取らないリスク」を過小評価してはならない。

おすすめポイント

人は生を受けてから、一度も時をさかのぼることなく、1分1秒を積み重ねる。そしていつか死ぬのだ。それは50年後かもしれないし、明日かもしれない。

この「いつか」というのがポイントである。明日も生きているだろうと思うから、つかの間の楽しみである冷凍庫のアイスを今食べないし、大切な人への感謝の気持ちも先延ばしにしてしまう。そして、貯金はこの最たるものだ。もし明日死ぬとわかっていれば、お金を貯めるなんてもってのほかである。いくら金持ちでも、死後の世界にお金を持ってはいけない。

これが本書のテーマだ。キーメッセージは「ゼロで死ぬ」。人生において大切なのは富の最大化ではなく、経験の最大化だと著者はいう。喜びを先延ばしにするのではなく、今しかできないことにお金をつぎ込み、人生を豊かにすべきだと説いている。アメリカではよく、「50－30－20」の家計管理法が話題にのぼる。収入の50%を生活費、30%を人生の充実のために使い、残りの20%を貯蓄に回す。しかし、70歳より50歳、40歳より20歳のほうが健康で体力があるのだし、そうして体が動くうちにお金を使ったほうがその価値を享受しやすい、と本書は告げる。

若いころから健康に投資しておくことも重要である。それに、やりたいことには賞味期限がある。歳を取ればバックパックでの旅行も水上スキーも楽しめないのだ。

もちろんお金は大切である。だが、人生にはそれよりももっと大切なことがある。本書はその事実に、あらためて気づかせてくれる。

一読のすすめ

人は生を受けた瞬間から、死に向けて一歩ずつ歩みだしている。だからこそ自らの終わりを意識し、人生をよりよいものにするべく、能動的に行動すべきだ。そして、その自覚は若ければ若いほど望ましい。本書はどの世代にもおすすめできるが、とりわけ若い世代に読んでいただければと思う。

さらに深掘りしたい方はこちら

第6章

社会・ライフ

ロールモデル無き時代の人生設計

『LIFE SHIFT 100年時代の人生戦略』（東洋経済新報社）

リンダ・グラットン、アンドリュー・スコット（池村千秋訳）

リンダ・グラットン：ロンドン・ビジネススクール教授
アンドリュー・スコット：ロンドン・ビジネススクール教授

要点1

長寿化により、ステージの移行を数多く経験する「マルチステージ」の人生が到来する。人生の選択肢が多様化するため、自分のアイデンティティを主体的に築きながら、人生をどのように計画するかが問われる。

要点2

今後は、金銭的な有形の資産と、家族や友人関係、知識、健康といった「見えない資産」とのバランスをとることがますます重要となる。「見えない資産」は生産性資産、活力資産、変身資産の３つに大別される。これらに投資を続け、自らを再創造することが、実り多い１００年ライフには欠かせない。

おすすめポイント

日本でも旋風を巻き起こした『ワーク・シフト』の著者リンダ・グラットン氏と、経済学の権威アンドリュー・スコット氏によるベストセラーだ。テーマは「100年時代の人生戦略」である。

これからを生きる私たちは、長寿化の進行により、100年以上生きる時代、すなわち100年ライフを過ごすこととなる。新しい人生の節目と転機が出現し、「教育→仕事→引退」という人生から、「マルチステージ」の人生へと様変わりする。それに伴い、引退後の資金問題にとどまらず、スキル、健康、人間関係といった「見えない資産」をどう育んでいくかという問題に直面するというのが著者の見方だ。

著者は「見えない資産」を次の3つに分類する。所得やキャリアの見通しを向上させるのに役立つスキルや知識を指す「生産性資産」、幸福ややる気をもたらす健康や人間関係を指す「活力資産」、新しい人生ステージへの移行を実現する対応力としての「変身資産」だ。

ロールモデルもほとんど存在しない中で、新しい生き方の実験が活発になることは間違いない。また、生涯を通じて「変身」を続ける覚悟が問われると言ってもよい。そのためには、自分についてきちんと内省できるだけでなく、多様な人的ネットワークをもち、新しい経験を恐れない姿勢が重要だと説く。

今後どんな時代が訪れ、どんな生き方を模索すればいいのか。その際、どのような有形、無形の資産が重要性を増すのか、どんな人間関係を築いていけばいいのか。企業や政府が取り組むべき課題は何か。

本書は、こういったテーマと向き合うための手がかりを与えてくれる。読み進めるにつれ、「自分は何を大切に生きているのか」「何を人生の土台にしたいのか」と自問せずにはいられなくなるだろう。

一読のすすめ

本書には、多彩な新しい人生のシナリオが紹介されている。それぞれの人生を追体験することで、ライフステージに合わせて、お金や「見えない資産」をどう管理し、自分らしい生き方をどう築くかという課題を、より現実的に考えられるようになるはずだ。

また、最終章の「変革への課題」では、長寿化が社会に及ぼす影響と、それに対処するための提言が書かれている。これらは、企業のマネジメント層や人事部門が組織を設計する際にも、実り多いガイドになってくれるだろう。

さらに深掘りしたい方はこちら

日本の未来に希望を灯す展望図

『シン・ニホン

AI×データ時代における日本の再生と人材育成』

（NewsPicksパブリッシング）

安宅和人
慶應義塾大学
環境情報学部教授

要点1

本書は、著者が極めて広範なテーマで生み出してきた数十のバージョンの「シン・ニホン」をひとつなぎに俯瞰したものを描く試みである。

要点2

現在終わりつつあるデータ×AIの革新の「第一フェーズ」に乗り遅れた日本の勝ち筋は、「第二フェーズ」「第三フェーズ」にある。

要点3

未来を創るのは若者だ。時代に合わせて教育を刷新し、他人とは異なる軸で勝負する、「異人」をうまく育て上げることが重要だ。

要点4

未来を創るための仕掛けとして、著者は「風の谷を創る」という運動論を進めている。これは都市集中型の未来に対するオルタナティブとして、自然と人間が共存する空間を創るものだ。そうした、目指すべき姿自体の見極めから始める「ビジョン設定型の問題解決」である。

おすすめポイント

日本はもう終わった——。

失われた30年の間に幾度となく口にされてきたこの言葉は、多くの日本人の心に影を落としている。無力感が蔓延するなかで、この『シン・ニホン』についたコピーは「この国は、もう一度立ち上がれる。」だ。本書は「読者が選ぶビジネス書グランプリ２０２１」の総合グランプリおよび政治・経済部門賞を受賞した。多くの読者が、このような本を待ち望んでいたのだろう。

著者である安宅和人氏は、感情論ではなく、事実とデータに即した分析をもとに、世界とこの国の現状の苦しさを冷静に見つめる。そして、単なる悲観論を「逃げだ」と喝破し、未来を自ら目指し創るために行動を続けている。

たとえば、日本の国家予算を分析すると、金はあるのに未来への投資である教育や科学技術の予算が削られていることがわかる。

日本の科学技術の予算は圧倒的に不足しており、主要国で唯一、博士号の取得にまとまった費用がかかる国だ。米国の主要大学と資金力の面で大きな差を生んでいる要因は投資からの運用益の多寡であることを踏まえ、著者は本書で国家レベルの基金システムの設立を提言した。理想を語っても現実は変わらないと思う人もいるかもしれない。しかし、本書刊行後の2020年12月、10兆円規模を目指す大学ファンド創設が盛り込まれた総合経済対策が閣議決定された。まさに、「未来を創る」を体現している。

著者の描くこの国の状況は厳しい。それでも、著者の眼差しは、日本への愛に溢れている。希望を灯す一冊を手に、あなたもいっしょに未来を創る一人になってほしい。

一読のすすめ

本書では、具体的な行動についても提言されているほか、「知性の核心としての知覚」「日本の本来の勝ち筋」「持続可能な世界」など、広範なテーマについても圧倒的な深度で言及されている。

通読すれば、いま私たちの生きている世界について考えるきっかけになるとともに、著者の未来を創ろうとする熱量にも触れることができるだろう。

さらに深掘りしたい方はこちら

人間のあるべき姿を問う

『君たちはどう生きるか』

（岩波書店）

吉野源三郎

評論家、作家

要点1

世の真理を学ぶためには、自己中心的な考え方だけでなく、自分を世の中の構成員の一人としてとらえるような俯瞰的な視点を獲得しなくてはならない。

要点2

過去の偉人の言葉や行動をなぞるだけでは、「立派そうに見える人」にしかなれない。自分自身の経験を重視し、そこから何を感じたかを深く考えることが、真に立派な人になるための道である。

要点3

自分自身の過ちを認め、そのために苦しむことができるのは人間だけである。人間は自分で自分の行動を決定する力をもち、それゆえ過ちを犯すが、だからこそ過ちから立ち直ることができる。

おすすめポイント

本書の主人公は、コペルというあだ名の15歳の少年である。成績優秀だが、いたずら好きで憎めないところのあるコペル君は、自分の見た情景や、学校の友人たちの行動をきっかけに、哲学的な考えを深めていく。本書は、そんなコペル君の日常の物語と、彼に向けて叔父さんが書いた「ノート」のパートで構成されている。

コペル君は、自分とは異なるタイプのさまざまな友人に出会って視野を広げるが、その中で、自分の弱さに打ちのめされる経験もする。多感な時期の少年が、友人や叔父との交流を通して精神的に成熟していくさまは少しほろ苦く、その何倍も頼もしい。

読者は、コペル君の心の動きに、いつか感じたことのある感情を重ねて、引き込まれてしまうだろう。そして、叔父さんの包容力と知性によって、心の学びを新たにすることになるだろう。

叔父さんは、コペル君が落ち込んだときには、「自分自身の過ちを認め、そのために苦しむことができるのは人間だけ」といった力強く、温かい言葉で激励する。

そして、ときに生産関係の仕組みや万有引力の法則も織り交ぜながら、人間のあるべき姿を説く。そこには、人格者として知られる著者の人柄が存分にうかがえる。

一読のすすめ

上級生から暴力を振るわれた友人・北見君をかばえなかったコペル君。その場で謝れなかった彼が北見君へ書いた手紙はどのようなものだったか、それに対して、北見君はどう答えたか——。

ことの顚末は本書で確認してほしい。また最終章では、叔父さんのノートを実際に受け取ったコペル君が、何を考え、叔父さんの問いかけにどのような答えを出したかが描かれる。

1930年代に、若い読者へ向けて書かれた本書は、幅広い年代の読者を獲得しつづけながら今日まで読み継がれている。

「君たちはどう生きるか」という問いに、あなたならどう答えるだろうか。そして下の世代に、どう答えてほしいだろうか。ぜひあなたなりの答えを見つけてほしい。

さらに深掘りしたい方はこちら

なぜ人間は不合理な行動を選んでしまうのか

『予想どおりに不合理』

行動経済学が明かす「あなたがそれを選ぶわけ」

（早川書房）

ダン・アリエリー
（熊谷淳子訳）

デューク大学教授

要点1

伝統的な経済学では、私たちはみんな合理的で最善の行動をとると予測する。しかし、実際の私たちは不合理なだけでなく、「予想どおりに不合理」だ。私たちはいつも同じように不合理に行動し、それは何度も繰り返される。

要点2

私たちは「無料！」と聞くと合理的な判断ができなくなる。ゼロはまったく別の価格だ。2セントと1セントの違いは小さいが、1セントとゼロの違いは莫大だ。これを理解すれば、ビジネスに生かすことも十分にできる。

要点3

人々に行動の道筋をあらかじめ決意表明する機会を与えることによって、先延ばしの問題を解決することができる。

おすすめポイント

経済学という学問に触れたとき、「私たちは常に合理的である」ことを前提にしている点に関して、疑問を抱いたことはないだろうか。伝統的な経済学においては、たとえ不合理な選択をしたとしても、「市場原理の力」が働いて、合理的な選択に押し戻してくれるという。

とはいえ、我々は個人レベルではあまりにも頻繁に不合理な判断をしていないだろうか。

健康のためにダイエットをする、と心に決めたはずなのに目の前のいちごのショートケーキに手を伸ばしてしまう。テスト前は早起きして勉強する、と決心したはずなのに、睡魔に負けて二度寝をしてしまう。計画的に作業をこなす、と決めたはずなのに、〆切ぎりぎりまで放置する。もっとも、人間はシステムではないので、当たり前と言えば当たり前の話ではあるのだが。

そんな疑問に答えるのが、本書『予想どおりに不合理』である。人はなぜわかっているのに同じ過ちを繰り返してしまうのか、不合理な選択をしてしまうのかを実験によって解き明かしていく。そして、その特性を踏まえたうえで、実社会でどう生かすことができるのか、その実践的な手法を提供してくれるのだ。

たとえば、人は「無料！」と言われると、それを失いたくないと本質的に恐れるために、無料のものをつい選んでしまうという。だから、顧客を集めたい、商品をもっと売りたいなら、何か一部でも無料にすると大きな効果があると説く。

そのほかにも本書では、「性的興奮時に不合理な判断をするのはなぜか」や「価格が高い栄養ドリンクのほうが、効果が高いと感じてしまうのはなぜか」などを解説している。

一読のすすめ

本書では、実験に基づいて人の不合理性が明らかにされ、それに対処するための具体的な方法が記されている。

挙げられている事例はどれもビジネスの現場で感じられる不合理として身に覚

えのあるものばかりであり、ぜひ本書で取り扱っている15の研究テーマすべてに触れていただきたい。

さらに深掘りしたい方はこちら

世界情勢を読み解く力を鍛える

『13歳からの地政学　カイゾクとの地球儀航海』（東洋経済新報社）

田中孝幸
国際政治記者

要点1

アメリカが超大国と言われるのは、世界の船の行き来を仕切る国だからである。

要点2

核兵器を最強のアイテムにする条件は原子力潜水艦、海の中からミサイルを発射する力、潜水艦を隠せる安全な海の3つを有することである。この形で最強のアイテムを持っているのはアメリカとロシアだけである。

要点3

地球温暖化も立場によって見方が変わってくる。地球温暖化によって、アジアと欧州を結ぶ最短の海上ルートである北極海航路が利用できる、北極周辺の天然資源を活用できるようになる、といった可能性もあるからだ。

おすすめポイント

本書は年齢不詳のアンティークショップのオーナー「カイゾク」との会話を通じて、高校生と中学生の兄妹が世界の仕組みや国同士のかけひきの裏側を7日間かけて学んでいく、というストーリーだ。そのため、肩肘張ることなく一気に読み進めることができ、自然と学びを深められる。

著者は、国際政治記者として40カ国以上で、政治経済から文化に至るまで幅広く取材を行ってきた。そんな著者だからこその視点で、歴史問題の本質や、国同士の関係性を解説してくれる。

「なぜアメリカが世界最強の国となったのか」
「なぜ米中関係が悪化するようになったのか」
「なぜ中国が南シナ海への進出を加速させるのか」

こういったことが、カイゾクと兄妹のやり取りを楽しむだけで見えてくる。

また、要点3で紹介したように、地球温暖化をポジティブに捉える見方など、物事を一元的に捉えていては見えてこない事柄も登場する。多元的で広い視野の必要性に気付かせてくれる一冊だ。

世界の構造を知る上でのエッセンスが詰まった本書は、子どもだけでなく大人にも読み応えがある。ロシアによるウクライナ侵略など、国際情勢が不安定な今だからこそ、地政学を教養として身につけ、世界を見る目を鍛えていくことが大切である。

一読のすすめ

ロシアや中国といった大国の悩み、領土を求め続ける理由、アフリカが貧しいままである原因、原爆を落とされた日本がアメリカに恨みをもたないわけ、誰もがスパイになりうる国といったテーマなども、本書から読み解けるようになっている。

歴史問題の本質、ニュースの裏側、国同士のかけひきが、自然と学べるだろう。

世界の流れや本質を知っておくことは、この本の主人公である兄妹だけでなく読者にとっても、今後のグローバル社会において大きな糧となるはずだ。

さらに深掘りしたい方はこちら

ハーバード大学の超人気講義

『これからの「正義」の話をしよう　いまを生き延びるための哲学』

（早川書房）

マイケル・サンデル
（鬼澤忍訳）
ハーバード大学教授

要点1

正義の意味を探るアプローチには、①幸福の最大化、②自由の尊重、③美徳の促進、の3つの観点が存在する。

要点2

功利主義の道徳原理は幸福、すなわち苦痛に対する快楽の割合を最大化することである。この考え方の弱みは、満足の総和だけを気にするため、個人を踏みつけにしてしまう場合があることだ。

要点3

リバタリアンが主張する自己所有権（自分が自分を所有しているなら、労働やその成果も自分が所有しているものであり、政府が所得の一部を徴収するということは、自分が政府に所有されていることを指す、という理屈）が認められれば、臓器売買や自殺幇助などの非道徳的行為もすべて容認されることになってしまう。

要点4

われわれが自らの善について考えるには、自分のアイデンティティが結びついたコミュニティの善について考える必要がある。われわれは道徳的・宗教的信念を避けるのではなく、もっと直接的にそれらに注意を向けるべきだ。

おすすめポイント

1人を殺せば5人が助かる状況があったとしたら、その1人を殺すべきだろうか？

金持ちに高い税金を課し、貧しい人びとに再分配するのは、公正なことだろうか？

前の世代が犯した過ちについて、私たちに償いの義務はあるのだろうか？

本書で著者マイケル・サンデル氏はこのように「正義とは何か」について考えさせられるような問いを投げかけてくる。これらは全て、正解はないが決断を迫られるものばかりだ。そして私たちの道徳観や倫理観に鋭く訴えてくる。

無論、本書はこうした正解があるのか分からない問いを並べただけの本ではない。政治哲学をこれほど分かりやすく説明してくれる書籍は貴重であろう。アリストテレスからカントやロールズといった古今の哲学者の主張を、さまざまな問いかけを通じて解明するなかで、単に多数派を重視するとか、自由であることが最重要であるといった考えには欠陥があることが分かるはずだ。

たとえばそのひとつに「共通善に基づく新たな政治」というものがある。サンデル氏はその考え方を4つのポイントに整理する。公正な社会のために共通善への献身を育てる市民教育、市場の道徳的限界の検討、貧富の差などの不平等な公民的悪影響の払拭、そして同胞の道徳的信念を相互的に尊重することだ。

私たちが求めるべき正義とは何か。それをどのように政治に活かせばよいのか。哲学という学問は机上の空論では終わらない。

一読のすすめ

本書はハーバード大学史上空前の履修者数を記録したサンデル氏の超人気講義をもとにしたベストセラーだ。ハイライトでは語りきれていない内容も素晴らしく、また考えさせられるものばかりである。ぜひ本書を手に取ってこの講義にご参加いただきたい。

さらに深掘りしたい方はこちら

人として到達できる究極

『夜と霧　新版』

（みすず書房）

ヴィクトール・E・フランクル
（池田香代子訳）
精神科医

要点1
極限状態に陥ると、人は自己防衛のために感情を消滅させてしまう。しかし自然や芸術、ユーモアに触れ、内面を豊かにすることで、正常な精神状態を保つことは可能だ。

要点2
人は環境によってすべてを決定されてしまうわけではない。どんな状況にあっても、その状況に対してどのように振る舞うかという精神の自由だけは、だれにも奪うことができない。

要点3
「生きる意味」とは、我々が生きることに何を期待するかではなく、生きることが我々から何を期待しているか、未来で我々を待っているものは何かを知り、その義務を果たすことで生まれる。

おすすめポイント

六芒星の上に、「１１９１０４」という数字が飾られた表紙。読み進めていくと、それが著者の「被収容者番号」であることがわかる。著者フランクルはナチスの強制収容所で、心理学者としてでも、医師としてでもなく、「ただの収容者」としての日々を過ごした。本書は、１９４２年9月に生まれ育ったウィーンを追われ、チェコ、ポーランド、そしてドイツの強制収容所で2年半を過ごした著者が、そこでの経験を心理学的に解明しようと試みた記録である。

第二次世界大戦時のドイツの状況は多くの人々が知るところであるが、強制収容所での体験をここまで生々しく、そして極めて冷静に記した書物はそうないだろう。しかし本書の目的は批判や告発ではなく、「人生とは何か」をあぶりだすことにある。

フランクルは、過酷な環境によって損なわれたものではなく、むしろ損なわれなかったものに目を向けた。感受性の豊かさはフランクルの精神を守る。心の中で妻と語らい続けることで、「愛は人が人として到達できる究極にして最高のものだ」という真実を理解した。極限状態にあっても、通りすがりの人になけなしのパンを与え、自己を見失わず人間としての尊厳を守れた人もいた。子どもや仕事など、自分を待っている未来の何かへの責任を自覚できた人間は、過酷な生にも耐えることができた。そして、「どんな状況であっても人生には意味を見出すことができる」と説いたのである。

状況はまったく好転しない、それでも。妻の生死もわからない、それでも。明日、いや今夜にでも死ぬかもしれない、それでも——。繰り返される逆接の先に、現状に打ち負かされない人間の意志と、未来への希望がもたらす力が見えてくるはずだ。

本書に全力で向き合えば、とても受け止めきれない、重苦しい思いを抱えることになるだろう。しかし、たとえそうであったとしても、今この本を読めることは幸運である。困難な状況下に置かれている人、「なぜ生きるのか」と悩んだことのあるすべての人に、心からおすすめしたい一冊だ。

一読のすすめ

本書の最終章では、収容所から解放された被収容者たちの「第三段階」の心の有り様が記述されている。残念ながら、潜水のあと一気に水面に出るのが危険なように、急に解放されることは多くの精神的なリスクを伴っていた。収容所では生きる希望となっていた「未来の目的」が、解放後にはどのようなものとなったか。その内容は、ぜひ本書を手に取り直接確かめてみてほしい。

さらに深掘りしたい方はこちら

「自分への裏切り」から自由になる

『自分の小さな「箱」から脱出する方法　人間関係のパターンを変えれば、うまくいく!』（大和書房）

アービンジャー・インスティチュート（金森重樹監修、冨永星訳）

トレーニングやコンサルティング、コーチングといったサービスを提供する研究所

要点1

さまざまな人間関係の問題を引き起こすのが、「自己欺瞞」つまり「箱」である。「箱の中」に入っている人は、自分のことばかり考え、周りの人をゆがめて見ている。

要点2

自分を箱の中に追い込むのは、「他の人のために何かをすべきだ」と考える自分自身の感情に蓋をする「自分への裏切り」だ。その裏切りを正当化するために、相手の欠点を見つけ、ますます箱の中に入ろうとする。

要点3

「こうしたほうがいい」という感情に素直になった瞬間、箱の外に出ることができる。リーダーの本来の役割は、「自分への裏切り」から自由になることで周りによい影響を与えることだ。

おすすめポイント

主人公のトムは、真面目で成功意欲の高いビジネスパーソンである。今まで理不尽な上司に耐え、多くの困難を乗り越えて成功を摑んできた。家族や仕事関係でうまくいかないことも時々あるが、「まあ、そういうものだ。周りがもっとうまくやってくれればいいのに」と思いながら過ごしてきた。このようなシチュエーションは、日常生活でよくあることではないだろうか。

本書では、トムが人間関係でうまくいかない真因とその解決のための大事な考え方を、ストーリー形式で学べるようになっている。トムの悩みには「あるある」と思う方も多いだろう。「なぜあの人とうまくいかないのだろう」「なぜあの上司だとやる気が起きないのか」

こうした人間関係の悩みは、実はたった一つの原因に行き着く。それは「自分が箱に入っているかどうか」だ。

箱の中にいる状態とは、自分のことしか考えられず、他人が「物」と同じように見えていて、相手の顔と名前もきちんと覚えていないようなときだ。さまざまな問題を周囲のせいにして、周りの人に逆らい続ける「自己欺瞞」に陥っている。

自分が箱に入ると、その影響は周囲に連鎖し、やがては会社の業績まで左右してしまう。なぜなら、家族も会社も一人一人の人間が集まっている集合体だからだ。だからこそ、自分から箱の外に出ない限り、周囲によい影響を与えることはできない。立場や役割を問わず箱の外に出られる人こそ、真のリーダーと言えるのかもしれない。

本書の考え方を学ぶ研修はグーグル、アップルなどで取り入れられているほどだ。読み返すたびに本質的な気づきを与えてくれる名著を、この機会にぜひお読みいただきたい。

一読のすすめ

仕事や家族の世話などでつい忙しくなり疲れていると、周りよりも自分のことを優先してしまいがちだ。まさに「箱の中」に入りやすい状況なのかもしれない。しかし、ずっとその状態でいると、人間関係はうまくいかない。

いつでも箱の外にい続けることは、難しいかもしれない。でも、今の自分は外だろうか、中だろうか。少しでも外にいる時間を長くするにはどうしたらいいだろう。こうしたことを考えるところから始めるとよいのだろう。人間関係が変わり、より豊かな生き方につながっていくはずだ。

さらに深掘りしたい方はこちら

「認知革命」と「農業革命」

『サピエンス全史（上）』

文明の構造と人類の幸福

（河出書房新社）

ユヴァル・ノア・ハラリ（柴田裕之訳）
歴史学者

要点1

「虚構」、すなわち架空の事物について語る能力を身につけたことで、人間は大規模な協力体制を築き、急速に変化する環境に対応できるようになった。これが「認知革命」である。

要点2

これまで「農業革命」は人類にとって肯定的なものとして捉えられてきたが、一般的な農耕民はむしろ狩猟採集民よりも苦労することとなった。だがこれによって爆発的な人口増加がもたらされたのも事実である。

要点3

人類の文化はたえず変化している。そのなかでも人類にとって普遍的な秩序となりうるのが、「貨幣」「帝国」「宗教」の3つだ。

おすすめポイント

私たちホモ・サピエンスがどのようにして食物連鎖の頂点に立ち、そして文明を築いたのかを歴史的に解明するというきわめて野心的な試み――それが本書である。

現生人類とよく似た動物がはじめて地上にあらわれたのは、およそ250万年前のことだった。そして10万年前の地球には、少なくとも6つの異なるヒトの種が存在していた。

しかし、現代まで唯一生き延びた人類種はホモ・サピエンス、すなわち私たちだけだ。

つい最近までサバンナの負け組だった私たちの種が、なぜ生態系に大惨事をおよぼすほどの影響力を持つようになったのか。本書に描かれているのは、スリルに満ちあふれた、とある「物語」でもある。

上巻にあたる本書では、歴史の道筋を変えた3つの革命のうち、主に「認知革命」「農業革命」の2つが紹介されている。

前者は、ホモ・サピエンスの認知的能力に大きな変化が起こり、言語を獲得して「虚構」、共通の物語を語れるようになったことで、地球上の生態系をまるっきり変えるほどの環境への影響力を人類にもたらした。

後者は、動植物種の生命を操作することに時間と労力をかけるようになった革命であり、家畜化・栽培化が進むことで人口を増やした一方で、農耕作業と定住化による負の影響も生じた。

あなたも本書を船頭として、歴史という冒険の海を渡ってみてはいかがだろうか。

一読のすすめ

上巻にあたる本書では、「認知革命」「農業革命」の2つについて詳しく解説されているほか、私たちにとって普遍的な秩序となりうる3つの文化のうち、「貨幣」「帝国」についても取りあげられている。下巻と合わせて、これまでの人類の歩みを理解するとともに、これからの行き先を指し示す叡智の書として、幅広い方に読んでほしい名著だ。

さらに深掘りしたい方はこちら

「科学革命」と進歩

『サピエンス全史（下）

文明の構造と人類の幸福』

（河出書房新社）

ユヴァル・ノア・ハラリ（柴田裕之訳）

歴史学者

要点1

「科学革命」は、人間が自らの無知を認め、観察と数学を中心に置き、新しい力を獲得しようとして生まれた運動である。

要点2

人類が「進歩」を信じはじめたのは、科学による発見が私たちに新しい力をもたらすとわかったからだ。

要点3

近代ヨーロッパ人たちにとって、帝国の建設は科学的な事業であり、近代科学の確立は帝国による征服事業と不可分だった。

要点4

近代経済は飽くなき成長を求める。科学革命により進歩を信じはじめた人々は、「信用（クレジット）」にもとづく経済体制を確立した。

おすすめポイント

ホモ・サピエンスが食物連鎖の頂点に立ち、文明を築くまでを、鋭い切り口で語りつくした作品。それが本書『サピエンス全史』だ。

下巻にあたる本書では約５００年前にはじまった「科学革命」が主に論じられている。ただ、「科学」と銘打たれてはいるものの、本書で扱うテーマは多岐にわたる。

それもそのはず、科学とは研究室のなかだけで完結するものではなく、あらゆる社会の営みから切り離せないものだからだ。

必然的に、科学発展の歴史を語るうえでは、どうしても社会的な文脈を読み解かなければならない。なかでも著者は、帝国主義と資本主義こそが、今日の科学をつくりあげたと主張する。

そのキーワードは疑うまでもない。「進歩」だ。近代科学が暗示した「進歩」という虚構こそが、帝国主義と資本主義を推し進め、さらにそれが近代科学をますます発展させたというわけである。

私たちが目にする科学にまつわる営みは、さまざまなセクターが結びつくことで生まれた、歴史上きわめて特異な出来事だ。ゆえに、これから私たちがどこへ向かっていくのか、細心の注意を払って見守っていく必要がある。今後、人類の歴史を俯瞰する視点をもつことが、ことさら重要になってくるだろう。

そうであれば、本書を手に取るのになんの迷いがあるだろうか？　読むべきは、今だ。

一読のすすめ

本書には、私たちにとって普遍的な秩序となりうる3つの文化のうち、最後のひとつである「宗教」や、文明と幸福の関係について、そして「超ホモ・サピエンスの時代へ」と銘打たれた、人類のこれからを指し示す内容も含まれている。科学発展のスピードを考えると、私たちの社会が近い将来、大きく変化するのは避けられないだろう。

そうしたとき、人類はその変化に対して、どのように立ち向かっていくのか。

これは過去を知り、現在を理解し、未来を見すえるための一冊だ。
願わくば、多くの人に手に取っていただきたい。

さらに深掘りしたい方はこちら

己を律する言葉の数々

『自省録』

（岩波書店）

マルクス・アウレーリウス（神谷美恵子訳）

ローマ皇帝

要点1

宇宙全体からすれば人生は一瞬であり、死後の名声もすぐに忘却され、全ての物事はやがて消え去る。名誉や快楽、富も善ではない。快楽や苦痛を統御し、揺るぎなく自己を全うするよう導くのは哲学のみである。

要点2

他人が自分に対して過ちを犯したとき、その人が自分と同じような善悪の観念を持っていることに気づけば、その人を憐れみこそすれ、怒ることはなくなるだろう。

要点3

すべての悩みの種となる主観を捨てれば、波の立たない水面のような静かな心に至ることができる。善い人間とは何かを論じる以前に、善い人間にならなければならない。

おすすめポイント

世界史の授業で、古代ローマ帝国の「五賢帝」の名前を暗記したことがあるかもしれない。著者は、善政を敷いたとされる五賢帝の最後の一人にして、「哲人皇帝」の異名を持つ、ローマ帝国最盛期の皇帝である。幼少の頃から内省的な性格で、勉学を愛し、哲学の道を志したが、運命の導きにより皇帝となった。

皇帝として在位した期間の多くを、著者は異民族との国境紛争の戦いの陣中で過ごしたという。国政でも戦いでも、他者と関わる中で、思い通りにいかずに多くの苛立ちを抱いたことだろう。本書は、誰かに読ませるために書かれたものではなく、自分自身への戒めをメモのように綴った短文を集めたものである。何度も繰り返し、怒りや憎しみを捨てるように自分に言い聞かせていることから、五賢帝の一人に称されるほどの偉大な人物でも、情念を抑え自制することがいかに大変だったかがうかがえる。たとえば、自由に選択できない事柄に対して、失敗や災難の責任を天や他者に求め、人間を憎まずにはいられない、と認めている。だからこそ、自分が自由に選べることに絞って善悪の判断をすべきであると説く。

また、人は無知のために過ちを犯すのであり、その点ではみな同胞であるという。他者も同じような善悪の観念を持っていると思えば、いかにあやまった見方をする相手でも、寛大に受け止めることができるはずだと自らを律する。

著者が影響を受けたストア派は、禁欲主義として知られ、理性によって感情の揺らぎや欲望、執着を抑え、静かな心の状態に至ることが人間の幸福と考える。皇帝として得られるであろう莫大な財産よりも、著者が望みつつも手に入れ難かったのは、質素でも静かに読書や思索にふけることのできる哲学者としての生活なのだ。膨大な情報に左右され、欲望を煽られて、心がざわつくことが多い現代だからこそ、本書から学ぶことは多いだろう。

一読のすすめ

本書は、著者が日々の中で感じたこと、考えたことを短文に表現したものを一つにまとめたものなので、構成に起承転結があるわけではなく、最初から最後まで順に読まなくてもよい。読む人によって心に響く箇所が異なるはずで、それぞれの「必読ポイント」があるはずだ。

いつも傍らに置いて、ストレスを感じたり、心がざわついたりした時、適当にパラパラとページをめくって、目についた節をいくつか読むだけでも、著者の厳しくも優しく温かい語り口が、落ち着きを与えてくれるだろう。

訳者の神谷美恵子氏は『生きがいについて』などの著書で知られるエッセイストでもあり、訳文の表現にも深い味わいがある。神谷氏による解説も本書の理解を深めてくれる。まさに、座右の書にぴったりな本である。

さらに深掘りしたい方はこちら

稳やかに生きるために

『人生の短さについて　他2篇』

（光文社）

セネカ（中澤務訳）

哲学者

要点1

人生において時間は十分に与えられていないと多くの人は考えているが、それは私たちが多忙に生きることで時間を浪費しているからだ。人生には有効に活用できるだけの十分な時間が与えられている。

要点2

自分の人生を生きるためには、時間を他人に与えてはならず、自分自身のためだけに使わなければならない。閑暇な時間は、退屈潰しのためにに浪費するのではなく、過去の英知を学ぶために使われるべきだ。

要点3

周囲と比較して心が不安定になるときには、今置かれた環境に慣れて、できることに力を尽くし、休息や閑暇とうまくバランスのとれた生き方をするとよい。

おすすめポイント

本書には、セネカの３つの文章が収録されている。知人に宛てた手紙である「人生の短さについて」の中では、多忙な職から身を引いて閑暇な生き方をするようアドバイスが送られている。

セネカの言う「閑暇な人」とは、「英知を手にするために時間を使う人」だ。過去の哲人たちの言葉から生き方の手本を学び、自分の人生を上手に管理する。他人のためにあくせく苦労するようなことをせず、自分のものと思える人生の時間を大きくしていく。

そうでない人は、退屈をしのごうと一生懸命用事を探して忙しくする。便利な道具に囲まれてさまざまなかたちで時間を節約できるようになったはずの現代人は、むしろ節約した時間をまた別のかたちで費やし、ますます多忙になっている。時間のリズムが加速した生活を送る私たちが、本当の意味で人生の時間を充実させるために必要なものは何かと、セネカの言葉から考えさせられることも多い。

禁欲主義を掲げるストア派の哲学者であるセネカは、欲望と執着を捨てて、ネガティブな感情のゆらぎを抑え、不動の心の状態に至ることを、人間にとって最も幸福な生き方とした。

人間関係や仕事の悩み、将来への不安と、古代人も現代人も、心を揺るがす共通した原因を持っている。曇りのない澄み切った心で、穏やかに生きられるようになるために、現代の私たちにも役に立つ言葉をたくさん見つけられるのではないだろうか。

一読のすすめ

「人生の短さについて」「心の安定について」の2篇のほかに、本書には「母へルウィアへのなぐさめ」という作品も掲載されている。コルシカ島に追放されたセネカが、息子の不運をなげく母をみずからなぐさめ励ます本作は、セネカが書いた知人をなぐさめる書簡の中でもとりわけ優れた傑作とみなされている。ぜひ

3篇の全てを書籍でお楽しみいただきたい。

さらに深掘りしたい方はこちら

息子の中学生活から社会と世界を考える

『ぼくはイエローでホワイトで、ちょっとブルー』

（新潮社）

ブレイディみかこ

コラムニスト

要点1

英国は公立でも小・中学校を選択できる。人気の高い学校には応募が殺到する。が、著者の息子が入学したのは、白人労働者階級が通う元底辺中学校だった。

要点2

社会が多様化するとともに、人種差別もより複雑になっている。移民が移民を差別したり、英国人の側でも、対立する移民のうちどちらかの肩を持って差別的発言をする人もいる。

要点3

保守党政権が始めた大規模な緊縮財政は、貧しい層を直撃している。２０１６～17年度には、平均収入の60％以下の所得の家庭で暮らす子どもたちは、英国の子どもの総人口の約３分の１にもなった。

おすすめポイント

子どもの世界は、大人の世界を鏡のように映す。英国在住のブレイディみかこ氏が綴る息子の中学校生活には、大人社会の複雑さがそのまま存在している。たとえば、ダニエルはハンガリー移民の両親を持つが、自らも移民に人種差別的な発言をして生徒たちと衝突する。ティムは貧しさから食べ物に困り、学食で万引きをする。

著者の息子は、カトリックの名門小学校から、「ホワイト・トラッシュ（白い屑）」と差別語で呼ばれる白人労働者階級が通う中学校に進学した。息子は英国で育っているが、東洋人の顔をしている。体も小さい。いじめられないか、変化についていけるか、と両親は心配したが、彼はじつにたくましくさわやかにスクールライフをエンジョイするのである（そしてなんと、学級委員まで務める）。

著者の息子の姿勢は、大人になったわたしたちに訴えかけるものがある。たとえば、前述のティムに修繕した中古の制服を渡すくだり。著者が修繕した制服をティムに渡したいと息子も考えたが、「貧しい」と思われたことを恥じて傷つくかもしれない。実際、制服の入った紙袋を受け取ったティムは「どうして僕にくれるの?」と尋ねてきた。それに対して息子は、「君は僕の友だちだから」と返す。

この言葉は、すべての福祉の精神に通じるのではないだろうか。「他者の尊重」というと難しくなるけれど、それは友だちを大事に思うことと似ているのではないか。そんなふうに感じさせられた。

一読のすすめ

ジョークまじりで読みやすい語り口ながら、著者の言葉には生活の確かな気配と、鋭い考察が共存している。息子と友人たちの熱い青春の日々を追ううちに、英国のブレグジットという選択の背景や、英国社会の分断が手に取るように伝わってくる。さらに英国に限らない、日本が、世界が抱える現代の社会問題が立ち現れてくる。

ときにこうした本こそが、ビジネスパーソンに示唆を与えるものなのではないか。社会に散在する課題に取り組みたいと願う方、グローバルな視野を持ちたいと願う方に、特におすすめしたい。読めば広い視界と大きな感動を得られることは間違いない。

さらに深掘りしたい方はこちら

「稲盛哲学」指南の書

『心。』

（サンマーク出版）

稲盛和夫

京セラ株式会社創業者

要点1

嬉しいことも悲しいことも、すべて自分の心が引き寄せている。つらいときも前向きな気持ちで乗り越えることが、すばらしい人生を送る秘訣である。

要点2

利他の心をもち、よき行いをすると、いつかそれが自分の元に返ってきて人生を好転させてくれる。

要点3

困難に遭遇したときも、瞬間的にそれを「できる」と思い、あきらめずに一歩を踏み出せば、成功へと近づく。

要点4

困難を乗り越えることによって心が磨かれ、人生が豊かなものになっていく。

おすすめポイント

本書では、ビジネスの成功につながる心のもち方、生き方が指南されている。その内容は目を見張るような新しいものではない。むしろ、誰もが聞いたことのある「思いやりをもつ」や「あきらめない」などといった、ある種当たり前ともいえる教えが並ぶ。だが、稲盛和夫氏はこうした「基本」を徹底的に追求し、成功を収めたのだ。

これらを過酷なビジネスの世界で実践するのは容易いことではないし、すぐに結果に結びつくようなノウハウのほうが大切だと感じる人もいるかもしれない。それでも、「基本」の重要性を裏付けるエピソードとともに発せられる人生訓の数々には、確たる重みがある。

「成功」を収める人は数多くいる一方で、生涯にわたってその名声を汚すことなく成功し続ける人は多くない。一時的な成功は野心によって成し遂げられるかもしれないが、いつかは没落する。だからこそ「世のため、人のため」という徹底した利他の姿勢を貫かねばならない――というのが稲盛哲学である。日本を代表する経営者の考え方として学ぶべきことは多い。

人生のすべてを仕事に捧げて成功したい、ともに働く人たちを幸せにしたい、日本社会の役に立ちたい、という思いを抱く読者にうってつけの一冊だ。

一読のすすめ

本書は、ミリオンセラーである『生き方』の続編だ。55の項目に分けて人生訓が語られており、その根底には「利他の心」を基本において行動せよという教えがある。

稲盛氏自身のエピソードが盛り込まれ、物語のように展開していく本書を読むと、「利他の心」の重要性への理解がより一層深まるだろう。

さらに深掘りしたい方はこちら

「経営の神様」の知恵

『道をひらく』

（PHP研究所）

松下幸之助

パナソニックグループ
創業者

要点1

人には、与えられた道がある。歩いているときは遠い道のように思えても、休まず歩いていれば、必ず新しい道がひらけてくる。

要点2

雨が降った時、傘や風呂敷がなければぬれるしかない。雨があがったら、もう二度とぬれないために用意しよう。

要点3

人より一時間多く働くことは尊い。一方で、一時間少なく働いて、それでいてより多くの成果をあげることも、同じように尊い。楽々と働き、それでいてすばらしい成果があげられるよう、くふうをこらしたいものだ。

おすすめポイント

松下幸之助氏は、明治に生まれ、平成元年に没した実業家である。一代にしてパナソニックを築きあげたその手腕から「経営の神様」と称えられる、日本の誇る偉人のひとりといっていい人物だろう。23歳で起業してから94歳でこの世を去るまで、単に実業家として利益をあげただけではなく、ＰＨＰ研究所や松下政経塾を設立し、多数の人材を輩出するなど、広く天下国家のために尽くした人物でもあった。

本書の序文の一部を以下に引用しよう。

「雨がふれば　人はなにげなく　傘をひらく／この　自然な心の働きに　その素直さに／私たちは日ごろ　あまり気づいてはいない／だが　この素直な心　自然な心のなかにこそ／物事のありのままの姿　真実をつかむ／偉大な力があることを　学びたい」

一読のすすめ

本書『道をひらく』は、松下幸之助氏がPHP研究所の機関誌「PHP」に寄せた短文をまとめたものだ。「その一篇一篇は、時にふれ折りにふれての感懐をそのまま綴ったものである」と本人はまえがきで語っているが、その考え方やものの見方には、松下氏の成功の裏側にあった、普遍的な哲学が流れている。

本書には121篇の短文が掲載されている。ぜひそのすべてから、現代のビジネスに生きる知恵を持ち帰ってほしい。

さらに深掘りしたい方はこちら

歪められた情報からの防衛法

『影響力の武器【第三版】

なぜ、人は動かされるのか』

（誠信書房）

ロバート・B・
チャルディーニ
（社会行動研究会訳）
社会心理学者

要点1

日常の判断を行う際、私たちは自動的反応を用いることが多い。この反応の利点は、単純な思考で物事に対応できる経済性と、より早く正確に適切な対応ができる効率性にある。

要点2

承諾誘導（人間の心理を利用して、情報の受け手が承諾せざるを得ない状況を作り出すこと）は、大きく6つのカテゴリーに分類できる。返報性、一貫性、社会的証明、好意、権威、希少性である。これらの原理は社会の中で生きる人間にとって不可欠な心理的反応であり、効率的に判断を下す助けとなっている。

要点3

自動的反応にはある刺激で一定の行動を促す作用（ほんの一部の情報で簡便に判断を下し、対応を効率化して複雑な状況を乗りこなせるようにすること）があるため、この仕組みを利用した商用活動などにより、知らぬ間に行動をコントロールされる恐れがある。

おすすめポイント

「条件を譲歩されたら思わずＯＫと言ってしまった」「残り３つと言われて、つい買ってしまった」――そのような経験は誰しもあるだろう。そうした「操作しているように見せずに相手を操作する」手法が、本書の訴える「影響力の武器」である。

人を承諾へと誘導する戦術は大きく６つのカテゴリーに分けられるという。すなわち、返報性、一貫性、社会的証明、好意、権威、希少性だ。

これらは普段、人間が機械的に行動できるようにして、判断のコストを下げるものと言える。しかし、それに対する人々の無知を利用し、この引き金を意図的に真似することで、利益を得ようとする人もいる。

そこで本書は、６つのカテゴリーそれぞれがどのようなメカニズムで働くのかを科学的な実験に基づいて解説しながら、身を守るための方法を伝授してくれる。

情報が瞬く間に広まる現代社会では、ボタンを押したら音楽が流れるレコーダーのように、半ば自動的な判断をしてしまいがちだ。本書で取り上げられている多くの事例は、ちょっとした権威の悪用や、集団心理の利用によって、多くの人が誤った行動を取らされてしまう現実を浮き彫りにする。

「影響力の武器」による判断は、つねに危険と隣り合わせとも言えよう。広告主が「この製品は一番の売れ行きだ」と強調する「社会的証明」によって、その商品をつい手に取ってしまう。道端で発作を起こしている人がいるとき、沈黙している他者の行動を正しいものとして受け入れ、結果として「集合的無知」が発生して誰もが傍観してしまう。そういった誤った行為に知らぬ間に導かれることもあるのだ。

情報に流されがちなあらゆる現代人にとって、必読の一冊である。

一読のすすめ

承諾誘導をテーマに、人間がついついとってしまう行動を社会心理学的に解き明かす本書は、数多くの国で翻訳されてきた定番の名著であることもうなずける、興味深い一冊となっている。

マーケティング戦略の基礎としてレクチャーされることもあり、ビジネス感覚を養う上でも役に立つはずだ。

さらに深掘りしたい方はこちら

第7章 健康・メンタル

質の高い睡眠とは

『スタンフォード式　最高の睡眠』

（サンマーク出版）

西野精治
スタンフォード大学
医学部精神科教授

要点1
日本人の睡眠時間は絶対的に足りていない。

要点2
睡眠時間が長すぎても短すぎても、脳と体にダメージをあたえてしまう。

要点3
睡眠の質を高めるうえでもっとも重要なのが、入眠後すぐに訪れる90分間のノンレム睡眠である。

要点4
スムーズに入眠するためには、深部体温と皮膚温度の差を縮めることが肝要となる。

要点5
覚醒と睡眠は表裏一体である。良い目覚めは良い睡眠をもたらしてくれる。

おすすめポイント

最高の睡眠を確保し、日中のパフォーマンスを最大化したい――そう考えている人は少なくないだろう。そのためか、あちらこちらで睡眠についての俗説が出回っている。なかには、「誰にでも短時間睡眠は可能」というような、根拠に欠けた言説を目にすることも珍しくない。

しかし安心してほしい。著者の主張は、ある意味で「まともすぎる」ほど真っ当だ。それでいて、多忙なビジネスパーソンのことも考慮した、良心的な内容となっている。すなわち、睡眠時間を増やすのが難しければ、睡眠の質を高めるほうにかじを切るべきだ、と。

本書で紹介されているのは、睡眠の質を高めるための手法であり、心がけである。

鍵になるのは入眠直後の90分間だ。ここでいかに深いノンレム睡眠を実現できるかである。そのためにはたとえば、就寝90分前に入浴する。それが難しければ、直前に足湯をするだけでもよい。寝るときに靴下を履くのは、睡眠を誘発する熱放散を妨げてしまうのでご法度だ。

こうした手法については、自分がとっつきやすいと感じたところからまず手をつけてみればいいだろう。すぐに実践できる内容ばかりだ。また、睡眠に関する正しい心がけを学ぶことも、意識を変える大きなきっかけとなってくれるに違いない。

睡眠はけっして独立した事象にあらず。睡眠を見直すということは、自分の生活すべてを見直すということでもある。

「睡眠を犠牲にして働くのはやめておこう。とくに、あなたがクリエイティブな仕事をしたいのなら」という著者のメッセージには、たんなるライフハックにとどまらない意味合いが込められているはずだ。

一読のすすめ

睡眠に関する「現実」を知ることができる一冊である。本書によれば、短時間睡眠でも大丈夫かどうかは、めずらしい遺伝子を持っているかにかかっているとのことで、多くの人にとっては睡眠時間の「時短」など、百害あって一利なしである。社会全体が睡眠に関する正しい知識を身につけ、快適な睡眠ライフを送るのが当然の世の中になることを願ってやまない。

さらに深掘りしたい方はこちら

集中力や心の健康を取り戻す

『スマホ脳』

（新潮社）

アンデシュ・ハンセン
（久山葉子訳）
精神科医

要点1

人類はこれまでほとんどの期間、狩猟採集生活を送り、さまざまな危険に囲まれていた。そうした生活に合わせて進化した脳は、現代社会に適応できていない。

要点2

スマホやSNSは脳の報酬系を刺激して依存させ、集中力を低下させる。ITの先駆者たちはそのデメリットを認識し、自分や子どものスマホ利用時間を制限していた。

要点3

SNSはむしろ人を孤独にさせる。とくに子どものスマホ利用は、自制心の発達に悪影響をもたらす。

要点4

睡眠時間を増やし、運動をして、スマホ利用時間を制限すべきだ。それが集中力を高め、心の不調を予防する方法である。

おすすめポイント

人類は歴史上、危険な動物や他人の襲撃、食料不足といった脅威に怯え、身を守ることを最優先させて生き延びてきた。そのため脳は、カロリーをできるだけ欲するようになった。また、危険をいち早く察知するため、一つのことに集中するよりも、複数の対象に関心を分散させるように進化してきた。だがそのような脳の機能が、まさに現代社会で不具合を生じさせている。実際に、ｉＰｈｏｎｅやｉＰａｄを世に出したスティーブ・ジョブズは、スマホの依存性や悪影響を認識し、自らの子どもの利用時間に制限を課していたという。

スマホに依存すると、集中力が低下し、孤独感が強まり、心の不調に陥る危険性があるのは明らかだ。この問題への対策として本書で提案されている方法は、一見するとシンプルである。だが生物進化の観点から脳の機能について解説しており、たしかな説得力を感じさせる。

たとえば、スマホを一旦脇において、散歩やランニングのような心拍数の上がる運動をする。人類の祖先は狩りのときや危険から逃れるときに集中力を最大限に高められるよう、よく身体を動かしていた。現代人にもそれは有効というわけだ。

本書を読めば、スマホに依存する生活を送っている人でも、集中力を高められるだけでなく、心の不調を予防できるようにもなるだろう。

一読のすすめ

本書の「コロナに寄せて――新しいまえがき」では、新型コロナウイルスがもたらす「インフォデミックの問題」についても触れられている。情報の洪水に押し流され、不安に怯えてしまいがちな現代において、自分を律する良き指針が得られる一冊である。

さらに深掘りしたい方はこちら

週3回30～40分の運動がおすすめ

『運動脳』

（サンマーク出版）

アンデシュ・ハンセン
（御舩由美子訳）
精神科医

要点1

ストレスがかかると、コルチゾールというストレスホルモンが分泌される。しかし運動を習慣づけると、やがてコルチゾールがほとんど分泌されなくなり、ストレスに対する抵抗力が高まる。

要点2

太古の昔から、人間が生きていくためには運動が不可欠だった。それゆえ人間は、運動すると「報酬系」と呼ばれるシステムが働き、ドーパミンが放出されて気持ちが明るくなる仕組みになっている。

要点3

ＢＤＮＦ（脳由来神経栄養因子。脳細胞がほかの物質によって傷ついたり死んだりしないように保護するタンパク質）は、脳の健康に欠かせない物質だ。ＢＤＮＦを増やすには、30～40分の有酸素運動を週に3回行うことが有効である。

おすすめポイント

脳は身体の一部だ。誰もが知っていることだが、情報化した現代社会に生きていると忘れがちなことでもある。身体の一部であるということはすなわち、トレーニングによって鍛えられるということだ。

脳を鍛えるというと、パズルなどの「脳トレ」が思い浮かぶかもしれない。しかし著者によると、脳を鍛えるためには脳トレよりも運動のほうがずっとおすすめだという。

本書では、運動は脳を最も効率よく動かせる方法であるとされている。30～40分ほどランニングやサイクリングをするなど、心拍数をある程度上げられるくらい身体を動かす。これを週3回程度、できれば3週間以上続けてみよう。こうした定期的な運動は、記憶力や集中力、創造力を高め、気分も上げてくれる、魔法のような活動なのだ。

特筆すべきは、根拠となるデータが多数提示されている点である。精神論やごまかしは一切なし。最新の科学でもわかっていないことは「わかっていない」とはっきり述べているのがフェアで読みやすく、かえって説得力がある。

本書は「ただちに本を閉じよ」と締めくくられている。この言葉のとおり、読み終わった後はすぐに身体を動かしたくなってくるだろう。特に、仕事のパフォーマンスを上げたい人、ストレスに気分や体調を左右されやすい人、ぼんやりとした不調に悩んでいる人におすすめしたい。今のあなたに必要なのは、運動かもしれない。

一読のすすめ

本書を一言であらわすと「よりよいパフォーマンスのために運動をすすめる本」だ。

本書では、記憶力や学力の高め方、脳の老化を防ぐ方法などが紹介されている。もちろんどれも科学的な根拠とともに、具体的な運動の方法まで詳細に述べられている。

本気で脳を変え、健康的にパフォーマンスを高めたい人はぜひ本書を熟読していただきたい。

さらに深掘りしたい方はこちら

健康のために「食べない」時間を

『新版 「空腹」こそ最強のクスリ』

（アスコム）

青木厚

あおき内科・さいたま糖尿病クリニック理事長

要点1

一日3食はそれだけで食べ過ぎの可能性があり、さまざまな体調不良を引き起こす。16時間の空腹時間を作るだけでも、健康や若さを維持することにつながる。

要点2

睡眠時間の前後に何も食べない時間を作ることで、「空腹」は無理なく始めることができる。日本の国民病ともいえる糖尿病にも、空腹は効果がある。

要点3

空腹力を鍛えることは、がん（悪性腫瘍）予防やアレルギー対策、アンチエイジングにつながる。

おすすめポイント

本書を一読すると、普段から当たり前のように習慣化している一日3食が、じつは食べ過ぎだという衝撃の事実に驚かされる。この豊かな社会においては、当たり前の生活をしているだけで、知らず知らずのうちに体にダメージを与えている可能性があるというのだ。

食べ物は消化の過程で、胃に平均2、3時間、小腸に5〜8時間、大腸には15〜20時間もとどまる。一日3食だと胃腸を休ませる時間を作れない。胃が疲弊すれば、食欲不振だけでなく肌質・髪質にも悪影響を及ぼす。腸内環境が悪化すれば、免疫力が低下し、感染症やアレルギー、がんのリスクを上昇させてしまう。16時間の断食によって空腹の時間を作ることができれば、古くなった細胞を内側から生まれ変わらせる「オートファジー」が動き出す。

本来、食事は空腹を満たし、生命活動を維持するために摂るものだ。睡眠時間を上手に使えば、空腹の時間を作ることも、そう難しくないことがわかるはずだ。

そう、わざわざ空腹の時間を作らなければならないほどに、私たちの身の回りには食べ物が溢れている。

私たちが享受している豊かな生活は、いつのまにか至るところにひずみを生みだしているのかもしれない。「質素倹約」という昔からの教えの重要性に気づかされる一冊である。

一読のすすめ

なお、本書でも指摘されているように、この食事法を実践する際は、かならず簡単な筋トレを並行して行うこと。筋肉量が減少すると、基礎代謝量が減るため太りやすい体質になりやすく、かえって逆効果になるからだ。

また、すでにがんを発症している場合は、空腹が逆効果になるおそれもあるという。「空腹の時間を作る」食事法は、あくまで予防のためだ。すでにがんを発症している場合は、医師の指示に従うのが鉄則である。

さらに深掘りしたい方はこちら

高パフォーマンスの源

『食べる投資〔文庫版〕

ハーバードが教える世界最高の食事術』

（アチーブメント出版）

満尾正

満尾クリニック院長

要点1

現代のビジネスパーソンは、体にとって本当に必要な栄養素が不足する一方、不必要なものは過剰になる「現代型栄養失調」状態に陥りやすい。口にするものは全て自分への投資であると考えよう。

要点2

仕事に穴をあけられないビジネスパーソンには、感染症を予防する効果がある納豆を毎日1パック食べるのがおすすめだ。

要点3

健康を維持するため、何を食べるかだけでなく、避けるべきものに対しての知識も持ち、自衛する必要がある。特に糖質の過剰摂取には注意したい。

おすすめポイント

本書の著者である満尾正氏は、「食こそが栄養の基盤であり、栄養知識を身につけて実践することが『健康』という『資産』を作り上げる『投資』になる」という。一人ひとりが意識的に摂取するべき栄養素と、避けなければならない食品に関する知識を身につけ、自分の口に運ぶものに対して、常に意識を向ける必要がある。

本書には、ハーバード大学外科代謝栄養研究室の研究員を務め、日本で初めてのアンチエイジング専門病院を経営する著者によって、最先端の栄養の知識が記されている。

ただ学術的な見解を述べるのみでなく、具体的に摂取するべき食品や、その食品の栄養素を最大限生かすことができるレシピなども掲載されている。本書を読めばその日から食生活を改善することができるだろう。

たとえば魚介類は、ＤＨＡやＥＰＡといった「オメガ３系脂肪酸」を豊富に含むため、体内の炎症を抑えてくれる。炎症は歯周病、動脈硬化、認知症、がんなどのリスクを高める。

青魚や鮭が含むビタミンDも炎症を抑えてくれるし、がんやうつ病の予防にも効くという。缶詰や切り身でももちろんOKだ。

著者は、ビジネスパーソンが自分のためにできる、最大リターンを得る投資は食事であると述べる。

健康な生活を送り、ビジネスパーソンとして常に高いパフォーマンスを発揮したいと考えている人だけでなく、健康に長生きしたいすべての人におすすめしたい一冊である。

一読のすすめ

本書では、「実践 投資になる食事」と題して、納豆や魚、4色以上の野菜、ココナッツオイルを使ったレシピ、「食物繊維のつくりおきおかず」のレシピ、鉄やビタミンBを摂れるレシピ、そして「若返りホルモン」とも呼ばれるDHEAを増やすレシピも紹介されている。

本書を一読し、実践すれば、毎日の食生活を改善し、ビジネスパーソンとしてのパフォーマンスを上げることができるだろう。

さらに深掘りしたい方はこちら

自分を大切にするために

『他人のことが気にならなくなる「いい人」のやめ方』

（リベラル社）

名取芳彦

密蔵院住職

要点1

幼少期から他人の評価を受け続けて育った私たちは、人からの評価を気にしがちである。それを認識し、人からどう思われるかを気にしない、自分流のやり方で幸せになれる目標に向かっていこう。

要点2

あなた自身のやりたいことに取り組んでいれば、「我慢してまで叶えたい目標か」と考えることで嫌なことにノーと言いやすくなる。目標を理由に気乗りのしない誘いを断ることもできる。

要点3

ときには依存してくる人と一線を引いたり、関わりたくない人と縁を切ったりすることも必要である。大切なのはあなたの今やこれからだ。

おすすめポイント

著者の名取芳彦氏は密蔵院の住職であり、真言宗豊山派布教研究所研究員を務めながら、仏教に関わるさまざまな活動に携わっている。そんな著者は仏教的な視点から、「みんなに好かれなくてもいい」「誘いを断ってもいい」「縁を切ってもいい」と教えてくれる。

嫌なことをしてくる人には我慢せずにノーと言っていい。自分のやるべきこと、やりたいことに取り組むために誘いや頼まれごとを断るのは、あなたの人生を前に動かすためだ。依存してくる人に対しては、その人のためにも、「私にはやるべきことがあります」と伝え、自立した大人として距離をおくほうがいい。

いい人をやめるといっても、自分勝手にわがまま放題ふるまえといった極端なことではない。その内容はまっとうなことであるからこそ受け入れやすい。実行すれば確実に自分の生活が前向きになるだろうと思えるものばかりだ。

本書からにじみ出る著者の人柄は、「いい人」をやめていてもなお、いい人そうなのである。著者がやめた「いい人」とは、誰にとっても当たり障りのない

「いい人」ということなのだろう。

そう考えてみると、私たちは普段、好かれたいと思ってもいない相手、縁を切りたいと思っている相手にすら、「いい顔」をするべきだと考えて、疲弊していないだろうか。本書を読みながら、自分が誰にとっていい人でありたいか、考えてみてはいかがだろうか。

一読のすすめ

本書には、住職である著者の経験からつむがれる、生活や人づきあいがちょっとラクになるヒントが満載だ。

空気を読まない人や怒りっぽい人への対応、人を気にせず自分自身の評価を大切にする視点など、気になるトピックがたくさんある。読みやすい文章で、実践しやすいヒントが多数書かれているため、ぜひ気軽な気持ちで手にとっていただきたい。

自分の目標についてゆっくり考える、ほっと一息入れるような読書時間を、きっと提供してくれることだろう。

さらに深掘りしたい方はこちら

目標を達成するための法則が満載

『図解　モチベーション大百科』

（サンクチュアリ出版）

池田貴将編著

株式会社オープンプラットフォーム代表取締役

要点1

目標達成の可能性を高めるには、ゴールまでの距離を見るのではなく、現在までにどれだけ進んだかという「前進度」に意識を向けることが大切だ。

要点2

モチベーションを上げる目標とは、（1）難しいが可能であり、（2）そのための手順がわかっていて、（3）客観的な言葉で書かれているものである。また、目標を設定したら、締め切りを設けることも必要不可欠だ。

要点3

目標に対して悲観的になることが、モチベーションアップにつながることもある。悲観的になることは、目標達成に向けた戦略のひとつである。

要点4

人は基本的に自分自身にしか関心がなく、自分を理解してほしいと思っている。だからこそ、相手の関心事を優先させること。これがコミュニケーションのポイントである。

おすすめポイント

どこからともなくやってきて、いつのまにか消えてしまう「モチベーション」。しかしそれは雲のような存在ではなく、なにかの法則に従って私たちを動かしている。

そんなモチベーションの解明に挑戦したのが本書である。ハーバード大学を始め、世界トップレベルの研究機関で実施された行動経済学、実験心理学の研究結果をもとに、人はなぜその行動を取るのかを見事に解き明かしていく。動機づけや人材育成、目標設定など、さまざまなモデルケースが紹介されており、なんとその数は１００にも及ぶ。さすがは「大百科」といえよう。

本書で紹介されている研究はもともと、ビジネスシーンを想定して行われたものではない。

しかしそこは著者の腕の見せどころ。豊富なビジネス経験をもとに、私たちのニーズと絡めてうまく説明されている。具体例も多いため、読み終えた瞬間から実践で活用できるようになるだろう。

たとえば、自分へのごほうび。

旅行を報酬として設定すると、計画の段階からすでに幸せを味わうことができ、それが8週間持続することがわかっている。これを応用して、2カ月後にごほうびを受け取れる設定にしておくことで、効率的に、幸福感をもって仕事に打ち込めるというのだ。

「モチベーションが上がらない」と嘆く人は多い。しかし、モチベーションを上げるための方法はこんなにもたくさんある。本書を開けば、自分にとって最適な方法がきっと見つかるはずだ。

一読のすすめ

本書のすばらしいところ、それは圧倒的な読みやすさである。それぞれの項目には、要点の図解や身近な例が載っており、しかも今日から使える知識ばかりだ。

また、本書で紹介されている心理学実験に対して、自分ならどう答えるかを考えてみるのも、本書の楽しみ方のひとつだろう。感情と行動には確固たるメカニズムがある。モチベーションとうまくつきあうための方法論を網羅的に知ることができる、きわめて「使える」一冊として、あなたの本棚に忍ばせてみてはいかがだろうか。

さらに深掘りしたい方はこちら

能力を伸ばすための思考パターン

『マインドセット「やればできる!」の研究』（草思社）

キャロル・S・ドゥエック
（今西康子訳）
スタンフォード大学
心理学教授

要点1
マインドセットには、人間の能力は生まれつき固定されたものだと考える「硬直マインドセット」と、人間は成長しつづけられると考える「しなやかマインドセット」の2種類がある。

要点2
マインドセットはその人自身や周囲、組織、人間関係から、ビジネスやスポーツなどの分野にいたるまで、あらゆる局面に影響を与える。

要点3
マインドセットがしなやかになると、何事にも臆さなくなり、自分の才能を最大限に生かせるようになる。

おすすめポイント

スタンフォード大学心理学教授であり、人間の思考様式を研究する著者は、人は変われるという信念のもと、「しなやかマインドセット」の重要性を説いている。

人は変わらないし能力は生まれつき固定されていると考える「硬直マインドセット」の人は、生まれつきの優秀さを証明することに躍起になり、一度の失敗で挫折を感じてしまう。それに対して、「しなやかマインドセット」をもっている人は、能力は常に伸ばしていけると考えているので、自分の過失も正面から受け止めることができるのだという。

本書では硬直マインドセットの短所としなやかマインドセットの長所が、豊富な実例や科学的論拠を交えて解説されている。

硬直マインドセットの人は困難を避けがちなので、中学校くらいから成績が下がりがちになる一方で、しなやかマインドセットの子どもは果敢に大きな問題に立ち向かうため、成績が落ちにくいという。ずば抜けた実績をもつ１２０人についてのとある調査によると、その大多数は凡庸な幼少期を過ごしていたという。

周囲のサポートを受けながら弛みない努力を続けたことで、頂点に上りつめたのだ。

自分自身をもっと高めたい人、部下のやる気を引き出したい人、子どもや生徒の手助けをしたい人に、強くおすすめしたい一冊だ。

一読のすすめ

本書ではマインドセットをしなやかにするためのプロセスが詳細に解説されている。具体例も豊富に掲載されているので、さらに理解を深めたい方はぜひ熟読されることをおすすめする。

さらに深掘りしたい方はこちら

ストレスと上手に付き合う

『スタンフォードのストレスを力に変える教科書』

（大和書房）

ケリー・マクゴニガル
（神崎朗子訳）
スタンフォード大学
CCARE講師

要点1

強いストレスの有無だけでは、死亡リスクに影響はない。だがストレスを受け、さらに「ストレスは健康に悪い」と考えていると、死亡リスクが高まる。

要点2

ストレス反応には、よく知られている「闘争・逃走反応」の他にも、「チャレンジ反応」（DHEAという脳の成長を助ける男性ホルモンが、恐怖を抑制して集中力を高め、ストレスからの回復を促す）、「思いやり・絆反応」（オキシトシンの分泌により、大切な人への信頼感や役に立ちたい気持ちが高まる）がある。

要点3

一般に信じられていることとは異なり、ストレスホルモンの分泌量が多いほうが、パフォーマンスは上がる。また、ストレスの効果に自覚的なほうが、ストレスの効果を利用しやすい。

おすすめポイント

本書は「ストレス」の正しい捉え方、付き合い方について書かれたものだ。なかには従来の考えとは異なる内容も含まれており、にわかには受け入れがたい部分もあるかもしれない。だがさまざまな科学的調査や実験データに裏付けられており、説得力が感じられる。

本書はＰａｒｔ１とＰａｒｔ２に分かれている。「ストレスを見直す」と題されたＰａｒｔ１は、「マインドセット（考え方）が体に影響を与える」という研究の紹介から始まる。その後、ストレスを感じたときの反応の種類、ストレス研究の歴史などが紹介される。興味深いことに、ストレス源と生きがいは重なることが多い。

実際、ストレスが多い人のほうが、より人生に充実感を覚えているという調査結果もある。仕事、育児、人間関係、介護、健康問題などのストレスは、やりがいをもたらすことも多いからだ。生きがいをもつ人は、もたない人と比べて死亡率が30％も低かったことを示す研究もある。

続く「ストレスを力に変える」と題されたＰａｒｔ２では、ストレスを味方につけるためのマインドセットが語られる。強いストレスを感じた際、どのようにしてストレスをパフォーマンス向上に役立てるか、バーンアウト（燃え尽き）しないように働くにはどう目標設定すればいいのか、逆境を克服するにはどうしたらよいかなどが、実験データや調査結果、具体事例などとともに明かされるのがポイントだ。

たとえば、ミシガン大学の研究では、「自分のための目標」より「自分よりも大きな目標」とつながっているほうが精神的に安定することがわかっている。しかも、「自分よりも大きな目標」について深く考えてから、ことにあたったほうが、身体も「脅威反応」（プレッシャーのかかる状況で実力を発揮すべきときに起きてしまう「闘争・逃走反応」で、危険から身を守ることを優先する）を起こさず、周囲の心を動かしたという。

一読のすすめ

ストレスというと、「ないほうがよい」と感じる人のほうが多いだろう。だが本書を読むと、ストレスはかならずしも悪いものではないことがわかる。「最近ストレスが多い」とぼやきがちな、すべての方におすすめしたい一冊だ。あなたの人生を、文字通り劇的に変えてくれるかもしれない。

さらに深掘りしたい方はこちら

不調の根本的原因を解決

『最高の体調』

（クロスメディア・パブリッシング）

鈴木祐

サイエンスライター

要点1

文明がここまで発達したにもかかわらず、私たちは依然としてさまざまな問題を抱えている。だがその大半は「文明病」（人類の進化と現代社会のミスマッチが引き起こす、肥満などの現代に特有の病気や症状）に起因するものであり、個人の意志の弱さや性格に原因があるわけではない。

要点2

文明病を解決するためには、まず自分が抱える問題の遺伝的なミスマッチを特定し、そのミスマッチを起こしている環境を修正することが必要である。

要点3

現代人の問題は大きく「炎症」と「不安」に大別できる。炎症を防ぐうえでもっとも手軽でメリットが多いのは自然との接触を増やすことであり、不安に対処するうえでもっとも重要なのは価値観を固めることだ。

おすすめポイント

一日寝て起きても疲れが取れず、体がだるい。会社に行っても仕事に集中できず、ミスしてしまう。なんだか能率が悪いと感じる。内臓脂肪が増えて、メタボリックシンドロームと診断されてしまった――。高度に発展した現代においてさえ、私たちはこうした問題を解決できないでいる。

健康上の問題とビジネス上の問題は、ともすると別々のものとして扱われがちだ。

だが本書はより根本的な解決法を提示する。それが「進化医学」という視点である。

人類が農耕社会へ移行したのはわずか1～2万年前のこと。約600万年ものあいだ、人類は狩猟採集生活を営んでおり、私たちの体もそうした環境に適応するべく進化してきた。その前提を無視して、たとえば「風邪をひいたら風邪薬を飲む」という対症療法だけをしていても、本当の解決にはならないというのが著者の主張である。

そこでヒントとなるのが「炎症」と「不安」だ。炎症は「体がなんらかのダメージを受けたときに作動する防御システム」であり、内臓脂肪などもそれにあたる。この種の無自覚な炎症は原因不明の体調不良として現れやすい。古代よりも高カロリーな食べものが多いことを認識するのが大切だ。

「不安」への対処法は、原始的な社会では戦うか逃げるかの二択、あるいは飢えを我慢するくらいの選択肢しかなかった一方で、現代社会では対処すべき不安自体が複雑でぼんやりとしている。不安は人体に対するアラームの役目をもっているので、現代においては非常ベルが鳴りっぱなしの状態になる可能性もある。その解決策のひとつとして、著者はマインドフルネスを提案している。

意志の弱さが原因だと安易に考えていては、的を射たアプローチはできない。ぜひ本書を参考に、「最高の体調」を手に入れてみてはいかがだろう。

一読のすすめ

「体調」を包括的に捉えた、きわめて実践的な内容の一冊である。特に人生がなんとなく思うようにいっていないと感じているとき、ぜひ読んでいただきたく思う。

さらに深掘りしたい方はこちら

心の動きが生命の強さを生む

『運命を拓く　天風瞑想録』

（講談社）

中村天風
「統一哲医学会」
（現天風会）創設者

要点1
心を積極的に働かせることが、活き活きとした生き方をするための秘訣である。自分の健康や運命を好転させられるかは、すべて心が け次第だ。

要点2
痛かったり苦しかったりするときは、それを口に出しても構わない。しかしそれで心が消極的になってしまっては駄目だ。

要点3
迷信に惑わされてはいけない。たとえ昔から信じられていることであっても、合理性に欠けるものは切り捨てるべきである。

要点4
不必要な知識を身につけるとかえって身を滅ぼしてしまう。人間の使命はあくまでも創造的に生きることだと自覚しなければならない。

おすすめポイント

中村天風という人物をご存知だろうか？　明治9年に生まれ、陸軍参謀本部諜報部員として活動していたものの、30歳のときに奔馬性肺結核を発病。西洋医学に救いを求めて欧米をまわるも回復せず、諦めて日本へと帰る途中、偶然出会ったヨガの聖者カリアッパ師に師事し、ヒマラヤのカンチェンジュンガという場所で修行した、という異色の経歴を持つ人物だ。

本書は、中村天風が生前講述したものを、15年もの歳月をかけてまとめ直した一冊である。

とにかく中村の言葉は力強い。要点を抽出すれば、「精神論」の一言だけで片付くようにも思えてしまうかもしれない。しかし、彼の言葉にあふれる情熱と確信が、読み飛ばすことを許してくれないのだ。

「人間の健康も、運命も、心一つの置きどころ」という中村の信念は、自身の原体験に依拠している。若き頃の中村は、病に苦しみながら、命に対する関心を次第に深めていった。そして、ヒマラヤでの神秘的な体験を経て、与えられた命の役割を確信するようになった。この頃になると、病はすっかり消えてしまっていたという。

中村自身も、「心の思考が人生を創る」というヨガ哲学に、はじめはなかなか納得できなかった。積極的な心を持つように努め、驚くほど健康な体を得たことで、心の動きが生命の強さを生むと知ったのだ。

一読のすすめ

心の持つ力を愚直に信じる中村の姿勢は、理性的批判能力が鍛えられた現代人には、ともすると奇異に映るかもしれない。しかし、信念を持つことを放棄し、何事も疑ってかかる科学的な態度は、時として人生を出口のない迷路に誘ってしまう恐れがある。

力強く創造的に生きていくためにはどうすればいいのか？　その答えが本書にはある。

さらに深掘りしたい方はこちら

不確実性に向き合う

『ネガティブ・ケイパビリティ　答えの出ない事態に耐える力』（朝日新聞出版）

帚木蓬生
作家・元精神科医

要点1

ネガティブ・ケイパビリティとは、「事実や理由をせっかちに求めず、不確実さや不思議さ、懐疑の中にいられる能力」を意味する。

要点2

人間の脳には「分かろう」とする性質があるため、ネガティブ・ケイパビリティをもつことは難しい。しかし、安易に「分かろう」とする姿勢をやめ、ネガティブ・ケイパビリティを通して、発展的な深い理解をめざすことが重要である。

要点3

終末期医療の現場や精神科医の診療だけでなく、創作活動や教育現場でも、ネガティブ・ケイパビリティが求められる。

おすすめポイント

「ネガティブ・ケイパビリティ」とは簡単にいうと、「分からないものを分からないまま、宙ぶらりんにして、耐え抜く能力」ということである。果してその能力が、どんな場面で役に立つのだろうか。

著者は、日本とフランスの病院での勤務経験がある元精神科医で、数多くの文学賞に輝く作家でもある。著者がネガティブ・ケイパビリティという言葉に出会ったのは、ある医学論文の中だったそうだ。以来、著者はこの概念をとても大切にしてきた。

本書ではまず、ネガティブ・ケイパビリティという言葉を初めて使ったとされている詩人キーツや、その概念を精神分析学に用いたビオンの生涯とともに、この言葉についての歴史が語られる。さらには、ネガティブ・ケイパビリティが創作活動、医療現場、教育など、あらゆる場において、いかに重要であるかが丁寧に語られていく。

末期がんなどのように解決策の提示が困難なケースでは、医学の知識を一旦脇において患者と向き合い、言葉を聞いて寄り添うことで、患者やその家族の苦しみを和らげることができる。教育においては、学びの面白さを実感してもらうためにネガティブ・ケイパビリティが重要となる。

問題解決能力にばかりフォーカスすると現実の問題設定は単純化する傾向を強めてしまうが、ネガティブ・ケイパビリティでは、不断に現実と向き合う姿勢を大切にする。医療や教育に携わる方や、創作活動に取り組んでいる方には必読の内容といえる。また、そうでなくても、この概念を知っているかどうかで、生き方や人との向き合い方が変わるといってもよい。

終末期医療の現場において有効であると同時に、シェイクスピアや紫式部も駆使していたとされるネガティブ・ケイパビリティ。その多種多様な状況への対応力を知るうちに、著者のようにその魅力にとりつかれることになるだろう。そして、不確実性の高い現代を心穏やかに生きるためのヒントが得られるのではないだろうか。

一読のすすめ

本書の最終章では、平和のもとになる「寛容」とネガティブ・ケイパビリティの関係が明らかにされていく。そして「おわりに」では、「これこそがネガティブ・ケイパビリティの発露ではないか」と思えるような、感動が待っている。著者の心揺さぶられる文章にふれながら、共感の土台になる負の力、ネガティブ・ケイパビリティの奥深さを知っていただきたい。

さらに深掘りしたい方はこちら

誰かに言ってほしかった言葉がここにある

『平常心のコツ

「乱れた心」を整える93の言葉』

（自由国民社）

植西聰
心理カウンセラー

要点1

物事が上手くいかないときほど他人の言葉に惑わされやすい。最終的な決断は自分で下すものである。

要点2

失敗は成功の原動力となる。失敗から学ぶという姿勢があれば、動じずに前へ進める。

要点3

平常心を保つには心を癒す方法を持っておくとよい。意識的に一人の時間を作ることや、本の朗読などで声を出すことは、心を落ち着かせるのに効果的だ。

要点4

頑張っても何の見返りも得られないこともある。そう心得て努力を続けていれば、期待した以上の見返りが得られることもある。

おすすめポイント

心の安定は、人に安らぎをもたらし、幸福感を与え、人生を良い方向に導く。反対に、乱れた心は人を不愉快にさせ、間違った判断や行動へと引きずり込む。そのことは誰もが知っている。しかし、どのようにして心を整えればよいかがわからない。気がつけばまた、いつものようにあくせくと、息が詰まるような時間を過ごしてしまっている。そんな人にこそ迷わず本書を開いていただきたい。どのページからでもいい。そこにはきっと、誰かに言ってほしかった言葉が記されているだろう。

本書には、平常心を保つための93の知恵が紹介されている。たとえば、カッと頭に血が上った場合は、その原因となる相手にあえて感謝の言葉を伝える。重要なスピーチを控えて極度の緊張状態にあるときは、「大丈夫、必ず上手くいく」といったポジティブな言葉を素直に口にしてみる。

著者の植西氏は、何十年と成功者の行動習慣や幸せな人の考え方を研究し、「成心学」という幸せになるための人生法則の理論を確立させた心理カウンセラーである。身近な人と意見が合わないときの考え方、人に批判されたときの心の持ち方、失敗との向き合い方。身近な出来事に、心おだやかに対処する方法が述べられている。

特筆すべきことは、平常心を保つ、あるいは取り戻すためにどのように行動したらよいかについての内容が非常に実践的であるという点だ。自分自身の心を整えたいときはもちろん、大切な誰かを励ますときにも、著者の言葉は大いに役立つに違いない。

本書の続編である『不動心のコツ』からは「ぶれない心」を築く方法が学べる。ぜひあわせてお読みいただきたい。

一読のすすめ

「平常心のコツ」は使ってこそ意味がある。本書はどこを読んでも「なるほどな」と納得する内容ばかりだ。しかし、それで満足してしまうのではなく、実行に移すことで、徐々に身体化できていくだろう。

少しでも心の落ち着きを感じられたのなら、それだけで十分に本書の価値を手にしたと言えるだろう。日々の暮らしの中でどのように取り入れようかと思いを巡らせながら読み進め、より豊かな人生を送る助けとしてほしい。

さらに深掘りしたい方はこちら

おわりに

ここまでお読みくださり、ありがとうございます。さまざまな本の要旨をご覧いただいた感想はいかがでしょうか。読んでみたいという本がたくさん見つけられていれば幸いです。

本はその企画から出版までおよそ1年程度かかります。その間に著者はもちろんのこと、編集や校正の方などのさまざまな人の目を通ります。そのため、本はメディアの中でも最も信頼性の高いものとなり、読者にとってこれからの人生で長く活かせる内容が多いように思います。

私はすべての本はかならず誰かを救っていると考えています。本の好みや読者の状況の違いはそれぞれあっても、その本を必要だと心から感じる人がいるから出版に至るものだからです。

何かを目指している人がそれを実現する過程で本を頼りにすることもあります。少し疲れてしまったときに気分を変えるために本を読むこともあります。普遍的なことを知るために本を読みたくなることもあります。そのどれもが読書をする素晴らしいタイミングで、その瞬間の自分を救う言葉が見つかることと思います。

1冊1冊のすべての本は、前述した役割の方々以外にも、デザイン・販促・営業などの方、さらに取次、書店員……と本当に多くの方々の関与があって私たちの手に届きます。flierが素晴らしい本についての要約を毎日紹介できるのは、そうしたプロの皆さまの仕事の賜物です。本当にありがとうございます。そしてflierの要約の作成は、さまざまな専門領域を持つ多くの協力ライターの方に支えられています。いつもありがとうございます。

flierはこれからも、一冊でも多くの素晴らしい本を読者の皆さんにお届けしていきたいと思っております。本書や、flierで日々紹介する要約から、読者の皆さんが人生の支えになるような本に出合えることを心より願っています。

株式会社フライヤー代表取締役CEO　大賀康史

本の要約サービスflier

株式会社フライヤーが提供する、1冊10分で読める本の要約サービス「flier（フライヤー）」。ビジネス書の新刊や話題のベストセラー、名著の要約をウェブ、アプリで毎日公開。音声版も好評。収録書籍数は3,700冊超、累計会員数は120万人を突破(2024年10月現在)。
法人向けサービス「flier business」の累計導入社数は1,100社を突破し、企業の人材育成・福利厚生にも広く使われている。
「クローズアップ現代」「おはよう日本」「ワールドビジネスサテライト」など、メディアでの紹介多数。

本書はflier上の要約記事に、加筆・修正をしたものです。

必読《ひつどく》ベストセラーを超要約《ちょうようやく》！　ビジネス書大全《しょたいぜん》

一生《いっしょう》モノの仕事力《しごとりょく》が身《み》につく名著《めいちょ》100冊《さつ》を1冊《さつ》にまとめてみた

著　者　本《ほん》の要約《ようやく》サービスflier編集部《へんしゅうぶ》
発　行　2024年11月20日

発行者　佐藤隆信
発行所　株式会社新潮社
〒162-8711　東京都新宿区矢来町71
電話　編集部　03-3266-5611
読者係　03-3266-5111
https://www.shinchosha.co.jp
ＤＴＰ　株式会社明昌堂
装　幀　新潮社装幀室
印刷所　株式会社光邦
製本所　加藤製本株式会社

乱丁・落丁本は、ご面倒ですが小社読者係宛お送りください。
送料小社負担にてお取替えいたします。

ISBN978-4-10-355921-4　C0030
価格はカバーに表示してあります。

本書の感想をお寄せください。